Colección
EMPRENDIMIENTO
Y CRECIMIENTO PERSONAL

PanHouse
Casa Editorial

Derechos de autor Magdianamy Carrillo Sotomayor
Entre letras y cicatrices: Memorias de un eslabón perdido, 2024.

Editorial PanHouse
www.editorialpanhouse.com

Edición general:
Jonathan Somoza

Gerencia general:
Paola Morales

Gerencia editorial:
Miranda Cedillo

Coordinación editorial:
Daniel Valente

Edición de contenido:
Nayit Espinoza

Corrección editorial:
Carolina Acevedo y Luz Llaguno

Corrección ortotipográfica:
María Antonieta Flores

Diseño, portada y diagramación:
Rabelt Mújica

ISBN: 978-980-437-349-7
Depósito legal: DC2024000663

MAGDIANAMY CARRILLO SOTOMAYOR

Entre letras y cicatrices

Memorias de un eslabón perdido

PanHouse

Índice

Agradecimientos 11

Sobre la autora 13

Prólogo 15

Introducción 23

Capítulo 1. Más allá de la pobreza 33

Capítulo 2. La sequía detrás del oasis............................ 65

Capítulo 3. Regreso al abismo 99

Capítulo 4. La luz del conocimiento 131

Capítulo 5. Renacer en otro nido 165

Capítulo 6. Cultivando caminos de esperanzas 199

Conclusión 225

Este libro está dedicado a todos aquellos valientes que enfrentan en silencio sus batallas y adversidades.

Quiero reafirmarte que tu origen, tu familia, tu manera de expresarte, las circunstancias que enfrentas y las opiniones de los demás no son el fiel reflejo de tu verdadera identidad ni dictan el rumbo de tu destino.

En las páginas que siguen, encontrarás una historia de transformación diseñada para inspirarte y llenarte de esperanza. Si en algún momento te encuentras desanimado, recuerda que tu confianza en ti mismo es suficiente, incluso si otros no lo reconocen. Eres un ser humano en este vasto mundo, así que atrévete a soñar y a explorar nuevos horizontes.

Con profundo agradecimiento por acompañarme en este viaje de autodescubrimiento y superación,

MAGDIANAMY

Agradecimientos

Querido lector/a,

Al concluir este viaje que ha sido la creación de este libro, deseo expresar mi más sincero agradecimiento a Dios, por guiarme y sostenerme en cada paso del camino y por darme la fuerza, la inspiración y la oportunidad de compartir esta historia contigo. También quiero extender mi reconocimiento a todos los ángeles que han iluminado mi sendero, tanto en lo personal como en lo laboral, su presencia ha sido invaluable en mi trayectoria.

A mi amado esposo, Luis, quiero agradecerte por ser mi roca inquebrantable, por sostener mi mano en los momentos difíciles y por inspirarte en mi historia para crear una hermosa obra de arte que trasciende las palabras. Tu apoyo incondicional ha sido mi mayor fortaleza.

A mi amado hijo, Joseph, agradezco profundamente por ser mi luz en los momentos más oscuros, por darme una razón para seguir adelante cuando más lo necesitaba. Tu amor y tu presencia han llenado mi vida de alegría y propósito.

Y a mi amada hija, Alondra, te agradezco por llegar a mi vida con tanta sabiduría y sensatez, por inspirarme a superarme cada día y por ser un faro de inteligencia y amor. Tu presencia ha sido un regalo invaluable que ha enriquecido mi existencia de formas inimaginables.

A todas las personas a quienes he tenido el honor de asistir, les agradezco por permitirme formar parte de su proceso de transformación, por su impacto en mi vida y en mi escritura. Les dedico este libro con todo mi corazón. Su afecto, respaldo y compañía han sido la fuerza motriz que me ha impulsado a perseguir mis metas y a hacerlas realidad. Que este libro sea un testimonio de mi sincero agradecimiento y amor hacia ustedes.

Con gratitud y afecto inmensurable,

Magdianamy Carrillo-Sotomayor

Sobre la autora

En estas páginas, te sumergirás en la vida de Magdianamy Carrillo Sotomayor, una mujer cuya trayectoria es un símbolo de perseverancia y dedicación. Desde sus humildes inicios en Puerto Rico hasta su actual rol como gerente de una biblioteca en Hillsboro, Oregon, Magdianamy ha labrado un camino lleno de logros académicos excepcionales y un profundo compromiso con el servicio comunitario.

Su viaje educativo comenzó en la distinguida Universidad de Puerto Rico, donde obtuvo un Bachillerato en Ciencias Sociales con especialización en Relaciones Laborales. Sin embargo, su búsqueda incansable de conocimiento la llevó más allá, embarcándose en la obtención de una maestría en Ciencias y Tecnología de la Información, también en la misma institución académica. Estos logros académicos no solo reflejan su dedicación, sino también su firme determinación por alcanzar nuevas alturas en su carrera profesional.

Magdianamy ha dejado una huella perdurable en cada comunidad que ha tocado, desde Monroe County en Rochester, Nueva York, hasta el cálido Condado de Lee en el suroeste de Florida, y finalmente en la costa del Pacífico en Oregón. Desde sus inicios como bibliotecaria académica en la Universidad de Puerto Rico, ha ascendido desde roles voluntarios hasta posiciones de gran responsabilidad en los Estados Unidos.

Su impulso proviene de una sólida creencia en la igualdad de acceso a la información y su compromiso con la comunidad. Magdianamy se enorgullece en ofrecer servicios bibliotecarios diversos, inclusivos y equitativos para todos, con un enfoque especial en brindar apoyo bilingüe a comunidades diversas y desatendidas.

El legado de Magdianamy se mide por el impacto positivo que ha tenido en innumerables vidas. Su historia es un testimonio inspirador de cómo una persona decidida puede marcar la diferencia y abrir las puertas del conocimiento para todos, independientemente de su origen o circunstancias.

Prólogo

Narrar, escribir y publicar las memorias de traumas enterradas en la piel a través de sensaciones sexuales, esto es, de las emociones inscritas en el cuerpo, es un acto de valentía. El cuerpo humano tiene escenarios de almacenamiento de memorias que van acumulándose en el trayecto de las vivencias y las experiencias. Recordamos eventos de nuestra vida a través de nuestros sentidos (los olores, los sonidos, las sensaciones del tacto, en las papilas gustativa); en su conjunto, las memorias se acumulan entrelazándose con estos, con otros recuerdos, con nuestro pasado, presente y futuro. Las memorias —esas gotas que, a la vez, forman y deshacen el recuerdo— se activan automáticamente en cualquier instante al llegarnos ese olor, ese sonido, esa canción, esa música, al saborear el dulce, al probar lo salado y lo amargo, al tocarnos esa parte del cuerpo, al mirar ese objeto, al ver esa foto y al reconocer a esa persona.

Las experiencias basadas en actos de violencia sexual se graban en las profundidades del recuerdo; esto causa que cambiar lo recordado sea muy difícil. Tampoco es posible modificarlo o —lo peor— no es posible descartarlo utilizando el borrador del olvido. Magdianamy Carrillo Sotomayor, autora de estas memorias, va desglosando su desarrollo como persona hacia la adultez. Expone sus íntimos y dolorosos recuerdos, acumulados en la memoria de su cuerpo y en la memoria inquebrantable de su espíritu. Magdianamy utiliza las memorias del pasado como un medio para entender, con mayor claridad, su entorno y su comportamiento actual. Al ver y observar con mayor precisión el cómo, el qué, el por qué y, sobre todo, quiénes somos, nos exhorta a usar las memorias como un filtro que nos permite construir, de forma más inteligente, nuestra forma de conducir nuestra vida cotidiana, es decir, nuestro proceder en la vida que deseamos e interesamos.

Reconstruir el tejido de memorias traumáticas y dolorosas es un salto hacia la emancipación y la evolución de una persona. Recordar vivencias desde el dolor, mirando hacia un pasado remoto sobre el cual no se tiene ninguna posibilidad de reclamar justicia porque es muy tarde, es el primer paso de ese salto. En esta historia, no hay forma de llevar al depredador a tribunales porque se suicidó, evadiendo así asumir responsabilidad y la penalidad por sus actos. El recuento de las memorias de Magdianamy incluye la figura de un depredador quien planificó su suicidio dejando involucrada a la víctima como su detonante, logrando agredirla una vez más y sembrando la duda entre familiares de la veracidad de la víctima. A su vez, al suicidarse, el depredador intentó «reivindicarse» en su «honorabilidad». Este suicidio construido para enterrar a esa niña en vida es una de las memorias que marca y forja la vida de Magdianamy.

Recontar este tipo de recuerdo en la adultez, por medio de una autobiografía y estando consciente de que no se puede reclamar justicia, permite que el mundo sepa lo ocurrido y lo vivido y, de esta forma, dar testimonio de la complejidad de experiencias que trazan nuestra existencia. Magdianamy, a través de la escritura, va exponiendo las vivencias, los miedos, el dolor, la miseria humana y, sobre todo, los recursos usados para lograr sanar los traumas vividos. Confiando en su narrativa, apuesta a que los lectores y las lectoras obtengan un nivel de sensibilización y comprensión, logrando así su reivindicación al conocer su historia y los recursos que utilizó para lograr sobrevivir, desarrollando una fuerza tenaz interior y lograr su actual vida.

En su autobiografía, Magdianamy menciona y enfatiza varios apoyos fundamentales que tuvo para no claudicar y repetir la conducta de sus parientes. El primero fue estar matriculada en la escuela pública, pues a pesar de la negligencia de su madre y padre lograba ir a sus clases diarias. Estar en el salón de clases, es decir, el acto de obtener conocimiento le brindaba alegría. Para ella, la educación era asomarse a otra vida que no tenía —una, en donde lograba sentirse a gusto.

Magdianamy puede describirse como una mujer de sonrisa amplia; ella siempre está de buen ánimo y siempre dispuesta a dar ayuda. En su narrativa describe que fue así desde niña, pues nadie sabía de sus dificultades familiares. Sus problemas no podían detectarse ni por sus gestos ni por su rendimiento académico. Al aprender a leer, al conocer historias y al encontrarse con otras formas de vida, se topó con una ventana hacia otras posibilidades: encontró narrativas que alentaban su sonrisa.

El abandono infantil y la negligencia de sus padres son factores detonantes del desarrollo de una memoria traumática. Magdianamy describe tener a un padre ausente (por estar en la cárcel) una madre inmersa en las drogas, escapando de sus responsabilidades y de su propia realidad. Entre los seis y los nueve años, Magdianamy comienza a darse cuenta de que no tiene la seguridad de ser protegida; esto desata el miedo y la inseguridad. Estos detonantes desembocan en un vínculo roto con su madre y su padre. Las vivencias de Magdianamy nos recuerdan cómo, en nuestra sociedad, un sinnúmero de niñas y niños viven este tipo de situaciones, sufriendo las carencias de espacios para desarrollar y florecer en su niñez. Estos, al igual que Magdianamy, viven la sobrevivencia con lo que tienen a su alcance.

Con su inteligencia y esfuerzo, Magdianamy llega a la Universidad de Puerto Rico, la más prestigiosa institución universitaria de ese país. Al ser la institución más prestigiosa, los niveles de exigencia académica no admitían las precariedades de los y las estudiantes: al llegar a la *iupi*, te conviertes en un número; por lo tanto, resultan invisibles los problemas personales de los estudiantes. Magdianamy llega a mi salón de clases en su tercer año de universidad; en esta época, ella madre de un niño de tres años. Un día se acerca para preguntarme si le daba permiso para asistir a la clase con su niño, porque no había conseguido lo cuidaran. Reflexioné, por un momento, los desafíos y las consecuencias de autorizar la entrada al salón a un niño de tres años; eventualmente, decidí que prefería que asistiera al curso con su hijo, aunque no estuviese completamente concentrada. Ese fue mi primer encuentro con esta estudiante que tuvo el valor de preguntarme y mostrar su precariedad como madre soltera y estudiante universitaria. Luego siguió matriculándose en cursos que enseñaba hasta que logramos conocernos y establecer vínculos personales.

Tiempo después, y en días cercanos a la celebración de la Navidad, Magdianamy vino a mi oficina con su niño. Este vio la decoración navideña que tenía y me preguntó si en mi casa iba a recibir su regalo de Santa. Le contesté: «En casa celebramos el cumpleaños del niño Jesús, y los Reyes Magos son los que traen los regalos. De seguro tendrás el tuyo». Esa experiencia fue muy significativa para mí: el niño se sentía, en su inocencia, en confianza conmigo.

Magdianamy, así, no tenía límites para ir al salón de clase, pues siempre estaba (y está) dispuesta a aprender. Esta actitud ha sido su motor fundamental para alcanzar sus metas y logros. En este libro se destacan algunos de los retos y limitaciones que encontró para estudiar y terminar sus estudios. Mientras estudiaba, trabaja en la UPR en bibliotecas y salas de referencias; asimismo, criaba a su hijo. Todo esto lo hacía sin tener auto —su transporte era público. Esto es solo un ejemplo que demuestra su fuerza interna movilizadora.

Paulo Freire, pedagogo brasileño, planteó en *Pedagogía de la esperanza* (1992), que el crear y establecer la esperanza sea parte integral del proceso educativo. Freire expresa que:

Los individuos (expuestos a situaciones humillantes) tienen la necesidad fundamental (mientras no se comprometen, mientras no luchan) de negar la verdad que los humilla porque han introyectado una idea que los perfila como incompetentes y culpables, autores de su fracaso, cuya razón de ser se encuentra, en cambio, en la perversidad del sistema. La fuga de lo real intenta domesticar la realidad mediante el ocultamiento.

Magdianamy optó por educarse y no esconderse detrás de una historia de abandono, abuso, negligencia y maltrato. Sobre esto, Freire hace hincapié en que: «las personas tienen que llegar al fondo de su problema por sí mismos y ver la capacidad de darle cara, no hay unas personas que lo saben todo y otras nada». Magdianamy convirtió la educación en una salida, en una esperanza a ese entorno donde emergió.

En la autobiografía titulada *Entre letras y cicatrices: Memorias de un eslabón perdido*, Magdianamy describe cómo fue desarrollando la capacidad para dar cara a su situación, en particular las pérdidas de su hermana y padre, así como la negligencia y abandono de familiares. A pesar de este trasfondo, se negó a sentirse humillada por situaciones en las que no tuvo control. Utilizó la escuela, la lectura y los libros. Aún y a pesar de las carencias apostó por aprender. Aprehendió la sabiduría que le sirvió para llegar a ser una superviviente. Hoy en día no es una víctima del sistema, de la familia, y mucho menos de las circunstancias. Realizó un proceso de autodeterminación para lograr sus metas y proyectos de vida.

Entre letras y cicatrices: Memorias de un eslabón perdido es una excelente lectura. Como lectora, una vez comencé a adentrarme en la narrativa de Magdianamy, no pude parar: he llorado, he reído, y he recordado los años que la conocí. Este libro me hizo preguntarme si no hice lo suficiente por ella.

Considero este libro una gran aportación a la carrera profesional de bibliotecaria que ejerce. Ha sabido dar un giro humano, sensible y prometedor a su profesión. Como documentalista, ha utilizado sus vivencias para evidenciar lo sanador que han sido los libros, exponiendo lo que cada ser humano puede alcanzar y lograr con la lectura adecuada en el momento necesario. Con este texto, los lectores entenderán cómo se puede trabajar los traumas por medio de la educación, en los libros y la lectura. Es una apertura muy esperanzadora desde su experiencia personal y profesional. Les invito a leerlo, aprender que siempre hay salida ante la adversidad y que existen los recursos para lograrlo.

María T Ríos Ramos
PhD Psicología Social Comunitaria

Introducción

Una enseñanza por contraste

Uno de los mayores errores humanos
es el de creer que hay solo un camino.
Hay muchos y diversos caminos
que llevan a lo que llamas Dios.

OPRAH WINFREY

Luego de pasar por un camino lleno de espinas, de andar a tientas, naufragando en él en la oscuridad del alma, en medio de la miseria, sin respuestas, sin poder ver una salida... solo tienes dos opciones: te derrumbas hasta perecer o construyes tu propia escapatoria.

Con mucho esfuerzo, labré mi propia salida de la tristeza hacia la vida. No me refiero únicamente a una salida física, sino también a una espiritual y mental, esa que se conquista con la paz verdadera.

Ha sido un verdadero viaje lleno de revelaciones, en el que he tocado fondo y me he reconstruido, para salir de nuevo a flote. Hoy quiero invitarte a que me acompañes a recorrer, a través de la memoria, ese camino transitado, para rescatar las estrategias, los pensamientos y algunas herramientas que me ayudaron a hacer la diferencia.

Tengo fe en que te servirán. Me inclino a creer firmemente en que el propósito de todo mi dolor ha sido poder hablarles a otros, a ti, que ahora te encuentras leyendo estas páginas, tal vez desde una oscuridad similar, buscando vestigios de luz que puedan darte rumbo.

No temas, no se trata de un libro más de superación personal, con palabras hermosas que describen una realidad fantástica y de ilusión. Aquí hablaremos de tú a tú, con plena honestidad. No hay recetas milagrosas o palabras mágicas.

Lo que sí encontrarás es mi testimonio al desnudo, mi alma descubierta y sin filtro. Todo lo que soy, desde lo más descarnado, hasta lo más sutil, estará acompañado de una reflexión teórica y otra emocional.

Entre letras y cicatrices: Memorias de un eslabón perdido es una mezcla entre anécdota, técnica y reflexión que no tiene otro designio más que acompañarte, abrazar tu propia experiencia, empatizar con tu dolor y apoyarte a reconstruir tu vida, desde el reconocimiento de todo eso que te ha tocado enfrentar.

Hablo de aceptación, que no es igual a resignación. Cuando aceptamos el lado oscuro de la vida, comenzamos a percibir el brillo de la otra cara de la moneda: el lado positivo.

Eres una persona capaz y merecedora de una vida exitosa y feliz. Está en tus manos darte esa oportunidad. No imaginas cuántas veces deseé escuchar estas palabras, en esos momentos difíciles. Pero, aprendí a darme yo misma esas palmadas de aliento, y créeme cuando te afirmo que todo lo negativo que me tocó enfrentar, me sirvió de impulso para crecer. No quiero decir que necesitamos sufrir para salir adelante, quiero afirmar que en tu pesadumbre hay respuestas y razones para superarte una y otra vez.

Crecí en un ambiente de pésimos ejemplos, de vidas oscuras y miserables. Es verdad que pude haber replicado todo aquello, pero esas situaciones y personas me sirvieron de espejo para ver lo que no quería para mí. Y aunque sea difícil de aceptar, uno de esos seres era mi madre.

Recuerdo muy poco de mi infancia antes de los 8 años. Posiblemente, borré todo lo que antecedió a uno de los golpes más duros que he recibido en mi vida. Un terrible trauma se llevó con él parte de mis recuerdos. No obstante, en lo más recóndito de mi memoria, yace un rastro anterior a aquel fatídico evento que transformó mi existencia para siempre.

Vivía en un caserío, un proyecto residencial de clase baja en Puerto Rico. Veía muchas cosas malas, en especial para la mente de una pequeña de 8 años. Había drogadicción, violencia, maltrato, embarazo temprano, disparos, prostitución, entre otras cosas. Mis padres no eran la excepción en todo aquello.

Me tocó aceptar ese mundo y tener la mente abierta para no integrarlo a mi vida. ¿Cómo fue posible? Es lo que prometo contarte en las siguientes páginas de este libro.

Solo había una cosa que me sacaba de ese contexto por breves momentos: la educación. Siempre me permitió mirar el otro lado de las cosas, me gustaba, me sentía atraída por aprender. Desde entonces, estudiar para mí es sinónimo de salvación. Algo en mí me decía: «Si tú sigues estudiando, eso te ayudará a salir de aquí».

Recuerdo un viejo *walkman*, en plena época de los 90, que también me regalaba un boleto de salida de toda esa violencia y caos. Podía viajar a través de la música a otros mundos. Me hacía feliz. Mientras me sumergía en la escritura, exploraba un universo de posibilidades y realidades alternativas. Con el transcurso del tiempo, he sido testigo de cómo esas visiones se han hecho tangibles, y esa experiencia es verdaderamente sublime. Todo lo que tengo hoy en mi vida lo atraje con mi mente. ¿Sabías que eso es posible? Lo es, y te agradezco la oportunidad que me has brindado de enseñarte cómo lo hice.

Puedo afirmar con total certeza que el poder de la esperanza y la fe inquebrantable son los que, al final, nos ayudan a sobrellevar situaciones negativas y traumáticas.

No te predispongas, no hablaré de dogmas religiosos ni de creencias particulares. La fe y la espiritualidad son mucho más grande que todo eso que ha construido el hombre. Cuando pienso en Dios lo hago en su más amplia concepción, aceptando y reconociendo todas las formas y materializaciones posibles. Así que no tienes que abandonar la lectura, podrás integrar perfectamente tu creencia a esta conversación.

En lo personal, relaciono a Dios con esa vocecita interior que me advierte, me avisa y me ayuda a salir airosa de ciertas circunstancias. Otros lo conocen como intuición. Sea como sea, solo puedes advertir esos mensajes si estás realmente atenta. Ese pensamiento que viene a mí es Dios.

¿Escuchas esa voz? ¿Le prestas atención a esos pensamientos? ¿Le das cabida a Dios en tu vida? ¿Cómo haces la diferencia?

Creer en Dios y llevar a Dios en mi corazón es hacer el bien a los demás, esa es mi manera. Siempre ha sido así. Me mantenía viva sirviéndoles a otros, y así encontré que mi fe se hacía más fuerte.

A través del bien, no solo puedes reconstruir tu vida, también ayudas a los demás a reconstruir sus propios caminos. Contando las bendiciones de los demás, podemos darnos cuenta de las propias. Viviendo el sufrimiento de otros, nos hacemos conscientes de lo que sí tenemos. Ver a otras personas superarse, es un estado de plenitud muy grande.

Wayne Dyer[1] creía que la compasión hacia los demás puede sanar nuestros propios corazones. Cuando extendemos una mano amiga o mostramos bondad a alguien, no solo lo beneficia, sino que también libera endorfinas en nuestro cerebro, creando una sensación de alegría y satisfacción. Al hacer el bien a los demás, hacemos del mundo un lugar mejor y experimentamos una sensación de paz interior y plenitud.

Amor, compasión, empatía, solidaridad... eso y más es Dios para mí. Lo he vivido, lo he experimentado y es mi testimonio. Lo practico desde los 11 años, cuando me sentaba en la azotea del edificio donde vivía, mirando el cielo, viendo más allá de la realidad que me rodeaba, pensaba en Dios, en su amor y compasión infinita.

---

1 Conocido como el padre de la motivación. Fue un autor de fama internacional, psicólogo y orador, centrado en el pensamiento positivo y la superación. Escribió más de 40 libros, 21 de los cuales fueron *best sellers*.

Anhelaba que mi único amigo, el tiempo, pasara tan rápido como cuando un tren no para en su estación. Le pedía con el corazón oportunidades para crecer y ser feliz. Y me llevó al servicio a los demás. Mi fe, desde entonces, solo se multiplica.

Dios me miró con compasión y amor. Dispuso para mí un camino lleno de oportunidades que encontré a través de la educación. Por muchos años la educación era una llamada. De niña, lamentablemente, no lo pude experimentar como debía. Reprobé cuarto grado por inasistencias, tuve una gran infestación de piojos que me mantuvo en cautiverio. A pesar de eso, nunca dejó de ser una necesidad para mí.

Cuando me mudé a Bayamón, a casa de unos tíos, comencé a estudiar con más regularidad. En dos semanas avancé al quinto grado y me gradué con honores a pesar de la pesadilla que me tocó vivir en carne propia. Tuve lagunas educativas, me sentía bruta, pero nada de eso me desmotivó a seguir estudiando. La educación me salvaba de todo lo que rodeaba mi vida.

En palabras de la Unesco:

> La educación tiene la misión de permitir a todos sin excepción hacer fructificar todos sus talentos y todas sus capacidades de creación, lo que implica que cada uno pueda responsabilizarse de sí mismo y realizar su proyecto personal. Esta finali-

dad va más allá de todas las demás. Su realización, larga y difícil, será una contribución esencial a la búsqueda de un mundo más vivible y justo[2].

Hoy puedo ver el aprendizaje desde un punto de vista diferente al convencional. Era una niña con muchas carencias, con serias debilidades cognoscitivas para mi edad, sin embargo, asimilaba todo de una manera distinta. Era capaz de aplicar la lógica, el razonamiento y un pensamiento creativo para resolver y aprobar.

Yo soy la única persona en toda mi familia que ha recibido un título universitario. De mi hogar no viene ese deseo por el estudio, viene de una respuesta que mi alma obtuvo porque la pidió.

Yo creo que la educación salva vidas. Lo hizo conmigo, y lo vi en una persona que recién salió de la cárcel, luego de pagar una condena de más de 20 años, y fue directo a la biblioteca en la que yo trabajaba a buscar respuestas y ayuda para reconstruir su vida. Dios lo puso en mi camino y nació nuevamente, le brindé mis manos para ello.

No soy un gurú que tiene todas las respuestas, soy una mujer, de carne y hueso, que ha sobrevivido a momentos

---

2 Delors, J. (1996). La Educación encierra un tesoro, informe a la UNESCO de la Comisión Internacional sobre la Educación para el Siglo XXI (compendio). Disponible en: https://unesdoc.unesco.org/ark:/48223/pf0000109590_spa

muy oscuros y terribles: los ha visto a los ojos, los ha aceptado y con todo ese dolor ha decidido construir una nueva vida. Soy una persona que se ríe de sí misma, que busca el lado colorido de las cosas, que ha empleado el humor como parte de su armadura para enfrentar su existencia. Así que no te extrañe, si en medio de una anécdota triste, te saco alguna sonrisa. Es mi manera de ser y estar en este plano. La sonrisa es un idioma universal y lo comparto con el mundo entero, sin ningún tipo de distinción.

¿Estás dispuesto a intentar cambiar de perspectiva? ¿Transformar el dolor y el sufrimiento en aprendizaje? ¿A reconstruir tu vida? Entonces, bienvenido a este encuentro íntimo y personal en el que te regalo una historia muy triste, con un hermoso porvenir.

Capítulo 1

Más allá de la pobreza

Nací en San Juan de Puerto Rico, en un caserío muy humilde, en el residencial Jardines de Sellés, Río Piedras. Nací rodeada de violencia, crimen organizado, drogas y operativos constantes que no hacían más que exacerbar el crimen.

Estos proyectos habitacionales fueron una supuesta solución para las personas sin hogar en la capital de Puerto Rico; sin embargo, se transformaron en una franja de pobreza que fue creciendo al margen de la ciudad, y así se fueron conformando parcelas y bandas que entraban en guerra cada tanto por el dominio de los puntos de distribución de drogas.

Los proyectos de vivienda pública reservados para familias de bajos ingresos en Puerto Rico, conocidos como caseríos, fueron objeto de intensos conflictos por el control del territorio de distribución de drogas. Desde 1993 hasta 2001, durante la administración de Pedro Rosselló, se implementó una política denominada «Mano dura contra el crimen», que resultó en una serie de operativos policiales en estos proyectos (Toro Adorno 66:2002). La comunidad denunciaba los caseríos como centros de actividad delictiva, lo que llevó a una mayor atención policial en estas áreas. Tanto la Policía Estatal como la Guardia Nacional llevaron a cabo redadas rutinarias en los caseríos en busca de narcotraficantes, realizando operativos en veinte complejos habitacionales solo entre junio y septiembre de 1993 (Duany 1997:206; Fusté 2006:78).

Los proyectos de vivienda pública se convirtieron en blanco de operaciones policiales extremadamente rigurosas, con la Guardia Nacional utilizando manuales militares desarrollados en respuesta a conflictos de baja intensidad en el Tercer Mundo (Fusté 2006:105). Los residentes eran tratados como insurgentes en tiempos de guerra, siendo objeto de vigilancia constante y sospecha sin juicio previo. Este enfoque agresivo hacia el crimen convirtió la vida en los proyectos de vivienda pública en Puerto Rico en una experiencia peligrosa.

Para ese entonces, la isla tenía una densa concentración de fuerzas policiales, con más de setecientos agentes por cada 100.000 ciudadanos y un total de más de 21.000 agentes, lo que la situaba como la tercera concentración más alta de policía per cápita en el mundo (Fusté 2006:2), generando un estado hiperpolicial. Además, los residentes de los caseríos eran objeto de incitación a la violencia mediática, ya que los medios de comunicación retrataban a menudo a los habitantes de estas áreas como criminales. La prensa lamentaba la delincuencia juvenil en los barrios pobres urbanos y culpaba al gobierno por no tomar medidas más enérgicas contra los residentes corruptos, lo que alimentaba el apoyo público a las redadas en los proyectos de vivienda pública (*El Mundo*)[3].

Quienes hemos vivido en esos residenciales sabemos lo que significa tener el alma en vilo, crecer en zozobra y temor por lo que pasará cada día. Aun así, las personas siguen viviendo allí y familias enteras han echado raíces por generaciones.

Mi madre, por ejemplo, dedicó toda su existencia a ese sitio. Fue solo en la etapa adulta, a los 50 años, cuando tuvo la oportunidad de trasladarse a Nueva York por un tiempo. Durante toda una vida, eso fue lo único que conoció, su realidad y su destino. Cuando creces en un lugar tan hostil, tus expectativas de salir de allí son mínimas.

---

3 Rodríguez, M. Modos de violencia contra los pobres urbanos de Puerto Rico: política de vivienda en Puerto Rico desde la década de 1950 hasta la actualidad. Traducido del documento original titulado: «Modes of Violence Against Puerto Rico's Urban Poor: Housing Policy in Puerto Rico from the 1950s to Today».

Se requiere de muchísima fuerza mental y espiritual para proyectarte fuera de todo ese contexto.

Todo lo tienes a la mano. Hay quienes ni siquiera salen de allí en toda su vida. En estos residenciales encuentras el barbero, la estilista, las tiendas de dulces y de artículos de primera necesidad, la costurera, el mecánico y hasta el que te arreglaba televisores.

Son una pequeña comunidad y una subcultura. Crees que ese es el país y el mundo, y la verdad es una célula bastante dañada que aísla a muchos seres en la marginalidad.

Es una comunidad que, a pesar de sus recursos limitados, está constituida por personas resilientes, que se cuidan entre sí, y al final del día, todos son tíos y primos. De manera irónica, algunas de las personas que organizaban eventos comunitarios y celebraciones navideñas estaban relacionadas con el tráfico de drogas. A pesar de sus actividades ilegales, también se preocupaban por el bienestar de los ancianos y los niños de la comunidad, brindándoles cuidado y atención.

En la década de los 90, la guerra por las drogas era una lucha armada sin cuartel. Los enfrentamientos podían durar de dos a tres horas, sin descanso. El Gobierno de Puerto Rico se vio en la obligación de activar a la Guardia Nacional y el plan «Mano dura contra el crimen». Todo ello en respuesta a la alta criminalidad que había en este sector.

Hay un trabajo de investigación, escrito por la demógrafa Judith Rodríguez Figueroa y la trabajadora social Alma Irizarry Castro, que relata a la perfección el contexto social en el que crecí. En este se concluye que:

> La ciudad capital de San Juan, y algunos municipios aledaños a esta, presentaron los riesgos mayores de muerte por homicidio. Uno de cada tres homicidios, durante la década del noventa ocurrió en San Juan. Cabe señalar que en este municipio es donde tiene lugar la mayoría de la actividad económica y social del país. Además, de acuerdo con el Censo 2000 es el de mayor tamaño poblacional con casi medio millón de habitantes. (...)

> Las personas jóvenes son las víctimas principales de este tipo de causa de muerte en Puerto Rico.

Por tanto, la pérdida potencial de años vida es enorme. Estos fallecimientos por homicidio repercuten en el orden económico y social de la sociedad puertorriqueña. El efecto de este tipo de muerte es tan extraordinario que reduce el promedio de años de vida de los puertorriqueños. Se encontró que la expectativa de vida de la población masculina es la más afectada por este tipo de causa de muerte. En esta investigación quedó demostrado que los jóvenes del género masculino son los más expuestos a sufrir una muerte por homicidio. Las cualidades que caracterizan a las personas con el riesgo mayor de convertirse en una posible víctima de la violencia en el país son: ser joven y hombre. Los sectores de la población más afectados por el homicidio son los jóvenes varones entre las edades de 20 a 29 años, que es un grupo de gran potencial social y económico[4].

Ahora suma a ese escenario de alto riesgo, la negligencia de los adultos a mi cargo: mis padres.

En mi núcleo familiar, por llamarlo de alguna manera, éramos cuatro hermanas, mis dos hermanas mayores, hijas de otro padre, y mi hermana menor y yo, hijas de un

---

4 Rodríguez, J y Irizarry, A. (2013). El Homicidio en Puerto Rico: Características y nexos con la violencia. En Investigaciones de varios tipos de violencia y modos de intervención. Bibliografía especializada en investigaciones del tema de la violencia. Perfil: 1984 – 2004. Disponible en: http://www.arecibo.inter.edu/wpcontent/uploads/biblioteca/pdf/perfil_de_la_violencia.pdf

mismo padre. Una familia como tantas en Latinoamérica, salvo que mi padre era una persona con fuertes problemas de adicción, que iniciaron debido a los medicamentos que tomaba para el dolor. Lamentablemente, como veterano de guerra tenía secuelas que lo obligaron a utilizar todo tipo de drogas.

El vicio y las malas compañías lo llevaron a la penitenciaría. Siendo tan solo una niña me quedé sin la presencia de mi padre. Cayó en la cárcel para pagar una condena por participar en el robo de una panadería, cuyo dueño fue asesinado.

Otro integrante de mi familia era el hermano de mi madre, una persona incapacitada desde los 11 años, analfabeta, con retraso mental. Al igual que mis padres cayó en las drogas desde muy temprana edad. Menciono esto porque también viví momentos de gran angustia junto a él. Me encontraba llevándolo a emergencias cada vez que se excedía con las drogas o cuando lo encontraba herido en alguna esquina.

Recuerdo que una tarde, cuando volvía de la escuela, con tan solo 14 años, al entrar a la casa, vi a mi tío sentado en el sofá, con el rostro pálido y sin moverse. Me asusté tanto que grité a mi hermana. Mi voz llegó hasta donde ella se encontraba y llegó al instante porque escuchó que mi tío estaba muerto. Sin pensarlo dos veces, salí corriendo de casa en busca de mi madre, que estaba en un apartamento cercano, y con lo que me quedaba de aliento alcancé a decirle: «¡Mami, mami, tío está muerto!».

Mi madre salió disparada y, con la ayuda de los vecinos, lograron subir a mi tío al coche. Estaba rígido como una estatua. Mi madre no despegó su pie del acelerador, ni un segundo, hasta que vio una ambulancia en el camino y tocando la bocina llamó su atención. Por suerte, se detuvieron.

Los paramédicos actuaron rápido y le administraron una inyección directa en el corazón. Fue una carrera contra el tiempo. Llegamos al hospital con el corazón en un puño. Me dejaron a solas con él durante toda la noche, mientras luchaba entre delirios. Fue una experiencia que quedó marcada en mi memoria para siempre.

En cuanto a mi madre, ¿qué te puedo contar? Es una mujer que tiene actualmente 64 años, y hace menos de una década logró vencer al monstruo que la acosaba: las drogas. Cargaba con nosotras, buscando ayuda en los centros de narcóticos anónimos y recaía infinitamente. Era como una especie de semáforo, cambiando de señal constantemente en intervalos breves. Una película sin fin, cuya misma escena se reproducía una y otra vez, como un bucle: la chapa blanca de bienvenida - la oración de la serenidad - el aniversario - la canción - la recaída.

No sé si ella es consciente de las consecuencias de todo aquel desorden en la vida de sus hijas. Nunca he podido encontrar las palabras adecuadas para hablar con ella sobre todo esto. Una de mis hermanas quedó embarazada a la temprana edad de once años. Poco tiempo después, enfrentó una batalla contra el cáncer que, finalmente, le arrebató la vida. Sin embargo, mi madre no estaba en un estado mental sobrio para asumir su parte de responsabilidad en esta tragedia.

Es verdad que ella no pudo romper las cadenas. En cierta forma, también fue víctima del trauma intergeneracional. Sufrió de abuso sexual por parte de su padre, con tan solo 15 años. Lamentablemente, no logró ver la salida de ese túnel oscuro y se quedó allí, trajo hijas al mundo y continuó encerrada en ese hueco tenebroso de la desesperanza.

Mi madre tampoco tuvo a su progenitora a su lado. En su caso porque murió atropellada por un carro, cuando regresaba de ejercer su voto en las elecciones electorales. No tuvo a nadie que la protegiera de ese monstruo que la acechaba. Esa era su vida real, lo único que tenía para aferrarse. Además, tuvo que enfrentar la trágica pérdida de dos de sus hermanos en circunstancias violentas, quedando a cargo de los otros dos. Con sus cuatro hijas a cuesta, rodó hasta lo más profundo, sin posibilidad de superación. A los 15 años se embarazó de mi hermana mayor. Nunca hizo nada para romper el ciclo. Se dejó caer con todo y nos trajo al mundo en caída libre.

En numerosas ocasiones, mi hogar se veía impregnado exclusivamente con el aroma del bicarbonato de sodio. No había espacio para el descanso, el silencio ni la paz. En los vecindarios, las noches desataban una intensa luminosidad y un constante bullicio que parecían incesantes. En la casa de mi madre, el *crack*, una droga muy popular en los años 90, y cuyo efecto apenas duraba unos cuantos minutos estaba siempre presente junto a una cuchara y un tubito de plástico.

Cada 30 minutos la bañera se prendía, era ella nuevamente bañándose. El consumidor de *crack* tiene demasiada energía como para no poder dormir y mantenerse físicamente activo. También enfrenta problemas de depresión, aislamiento, adopta una actitud defensiva y sufre de paranoia y de conducta compulsiva. En el baño había una ventana que daba para el estacionamiento del caserío. La veía observar constantemente por la ventana, a veces en intervalos que se extendían por horas, e incluso días.

En Puerto Rico 3.8 % de personas padecen de abuso o dependencia a drogas. El efecto del *crack* no dura tanto como los de la cocaína en polvo, lo que significa que el consumidor tendrá que desaparecer para obtener otra dosis, en un tiempo tan corto como de 10 a 15 minutos.

Un consumidor de cocaína, por lo tanto, siempre necesita más cantidad de la droga. Esta es una de las razones por la que muchos consumidores de cocaína recurren a la delincuencia. No tienen otra manera de mantenerse al día con esta necesidad constante. El problema principal con las drogas, especialmente con el *crack*, es la dependencia mental que causa.

El *crack* casi siempre se fuma y grandes cantidades de la droga pasan a los pulmones, donde se produce una euforia intensa e inmediata. Esta dependencia había provocado un asma crónica a mi madre, así que ahora dependía de terapias de oxígeno e inhaladores para poder respirar. Pasábamos noches enteras en el hospital mientras ella recibía tratamientos para su asma para poder ser admitida en un centro de rehabilitación por su adicción. Pero lo que más me angustiaba era saber que, al final, volvería a consumir drogas.

Dentro de la miseria, nosotras veíamos divertidas cosas que a cualquiera le pudieran producir horror. Por ejemplo, el tic nervioso que le producía a mi madre el *crack*. La cabeza se le balanceaba incontrolablemente de atrás hacia adelante, parecía estar diciendo que sí. Como niñas nos burlábamos de ella, haciéndole preguntas locas y nos reíamos al verla afirmar con la cabeza. Eso no era para nada divertido, pero en un ambiente disfuncional, nada es lo que debería.

A pesar de todo, siendo tan solo una pequeña de 9 años no era consciente de lo que carecía. No podía saber cómo realmente debía ser la vida de una niña en condiciones dignas, hasta que me enviaron a casa de unos tíos en Bayamón. Allí había comida todos los días, sábanas limpias, cama y un silencio que brindaba una sensación de seguridad. Además, recibía clases de modelaje y buenos modales, natación, catecismo, mis tíos se encargaron de darme un entrenamiento intenso de refinamiento para calmar a la niña salvaje del caserío que les dejaron cuidando.

Estuve en Bayamón desde los 9 hasta los 11 años. A mi regreso al residencial, me tocó presenciar cualquier cantidad de aberraciones. Entraban y salían muchos extraños a la casa. Una noche, por ejemplo, vi a un hombre encima de una de mis hermanas y, al día siguiente, se lo dije a mi madre, pero no me creyó. Terminó encerrándonos en un cuarto a doblar ropa, con un candado fuera de la puerta.

El choque fue brutal. Podía percibir el olor a *crack* como algo abominable. Todo alrededor respiraba desolación: la miseria, la privación, la frialdad del entorno donde pasé mi infancia. Esa dura realidad contrastaba fuertemente con el último recuerdo que atesoré de aquel lugar: el Día de San Valentín, cuando mi hermana (la que enfermó de cáncer) estaba en sexto grado y yo, en cuarto, desfilamos juntas en una carroza. Nos encontramos caminando bajo una lluvia de flores y pétalos de rosa, ella como reina y yo como princesa, mientras pasamos por el centro de la escuela. Las sonrisas de nuestros amigos, el agradable aroma floral, la suave brisa de la mañana y los colores vibrantes nos rodeaban.

En ese desfile, contemplé la luminosa inocencia de mi hermana por última vez, pues ese año simbolizó el cierre de su período escolar y el adiós a su infancia. Cuando regresé de Bayamón ya ella tenía un bebé con tan solo 12 años de edad. El padre de la criatura le triplicaba la edad a mi hermana. Además, la dejó abandonada sin reconocer a mi sobrina como hija suya.

Cuando regresé no quedaba nada de esa niña que creció conmigo. Solo cuando fui adulta, comprendí que ella también había sido abusada. Ambas perdimos nuestra inocencia de diferentes maneras en el mismo año 1991. Y mi madre no nos pudo resguardar de ese martirio. Estábamos solas frente a la negligencia.

Después de que mi padre fuera encarcelado, mi madre se sumió aún más en el abuso de drogas. Fue, entonces, cuando comenzó a prostituirse, vagando por las noches en busca de sustancias, inmersa en una espiral de perdición. Servicios Sociales del Departamento de la Familia de Puerto Rico nos iba a remover a mí y a mi hermana menor de la casa de mi madre. Es por eso por lo que me enviaron a casa de unos tíos. En realidad, era la casa de una tía de mi madre y su esposo.

Mi mamá también estuvo presa, unos nueve meses, por un asunto relacionado al narcotráfico. En aquel tiempo, vivía con mis tíos mientras mis padres estaban privados de libertad. Me dedicaba a escribir cartas y a hacer libros de papel que le enviaba a la cárcel. Con amor y creatividad, les contaba historias adornadas con dibujos, como si fueran cómics. Quizás sin darme cuenta del todo, mi objetivo era enseñarles y ofrecerles lo que les habían quitado: una oportunidad, un mundo de conocimiento y fantasía. Quizás deseaba exponerles la imagen de la vida que ansiaba compartir con ellos.

La cruda verdad es que mi pasado está tejido con hilos de drama, una tela formada por los retales de numerosos traumas. No conservo recuerdos de una familia unida alrededor de la mesa, compartiendo momentos de gratitud en Acción de Gracias o celebrando la Navidad. La imagen de la armonía familiar es ajena para mí. Todo lo que he experimentado ha sido disfuncional. Soy una pieza enredada en un complejo rompecabezas, esculpida por el dolor, la muerte y la desdicha, donde víctimas y verdugos se entrelazan en su composición. A pesar de todo, soy la viva evidencia de que la adversidad puede moldear la más poderosa resiliencia.

En mi proceso de sanación, he aprendido a reconocer, como parte fundamental, que mi experiencia familiar fue diferente, que mi madre me causó heridas profundas al intentar llevarme hacia su propio mundo.

La mujer que me dio la vida, me la arrancaba a pedazos. Me llevaba a robar con ella, me metía cosas dentro de la ropa, para luego venderlas[5]. Cargaba conmigo para ir a comprar drogas, en Puerto Rico se le llama *capear*, y como ella no quería capear sola, salía conmigo. En una oportunidad, me dejó esperándola en una esquina. Al regresar, un hombre que me estaba viendo de cerca y era una especie de brujo, le dijo: «Cuídala mucho, ella es una niña muy especial». Mi madre lo que hizo, al llegar a casa, fue encerrarme en un cuarto para que nada malo me pasara durante esa noche.

---

5 Algunos estudios han demostrado que ciertos estupefacientes como la heroína o el *crack* pueden disminuir la capacidad de controlar nuestras inhibiciones. Esto se traduce en una mayor probabilidad de realizar acciones y decisiones imprudentes o salvajes, en parte porque los estupefacientes bloquean los síntomas del estrés y la ansiedad, lo que puede disminuir la conciencia de lo que estás haciendo. Mientras que la necesidad crece, las inhibiciones desaparecen.

Durante mi infancia, desconocía por completo el concepto de una relación tóxica y no podía categorizar ninguna de mis interacciones como tal. A medida que crecía junto a mi madre, presenciaba su lucha incansable contra las drogas, una batalla en la que, a pesar de sus esfuerzos, parecía siempre salir derrotada. A pesar de estos desafíos, guardo en mi memoria momentos de efímera alegría, cuando ella lograba sobreponerse a las adversidades y mostraba su mejor versión.

No obstante, conforme pasaron los años, me he enfrentado a la incapacidad de establecer una conexión significativa con ella. Su pasado, marcado por el dolor y los traumas, ha moldeado un comportamiento narcisista[6] que actúa como un muro infranqueable entre nosotras. Cada intento de expresar mis sentimientos es sofocado

---

6 «El trastorno de personalidad narcisista es una condición en la cual la persona tiene un nivel exagerado de egocentrismo, a tal punto de afectar su vida personal, laboral, social, entre otros. Esto se debe a que las personas con este trastorno nunca están satisfechas con el nivel de atención que reciben, a tal punto de creer ser merecedores de más atención y que, al no recibirla, se sienten ofendidos. De igual forma, para los allegados, es muy difícil mantener un vínculo cercano con personas que demandan tanta atención.

No se sabe a ciencia cierta qué genera el trastorno de la personalidad narcisista, sin embargo, parece que existen ciertos factores ambientales y genéticos que pueden condicionar a una persona que es susceptible ante esta patología psicológica, a llegar a padecerla». Floy, A. Z. (2020). *¡No estás loca! Es tu madre. Madres narcisistas: autosanación del abuso narcisista y cómo detectar y afrontar a una madre tóxica.* Editorial: Independently published.

por una dinámica en la que sus propias heridas ocupan el centro del escenario, dejándome sin espacio para ser escuchada o comprendida[7].

Con compasión profunda, acepto el dolor que ella ha causado, ya sea de manera consciente o inconsciente. Aún en el presente, mientras escribo estas palabras en el año 2024, la respeto y le otorgo mi perdón.

Antes de compartir este relato, he redactado incontables cartas que nunca tuve el valor de entregarle por el temor de infligirle más dolor del que ya ha sufrido. Es asombroso hasta dónde puede llegar el amor: proteger a alguien que ha sido fuente de tanto sufrimiento a lo largo de toda una vida.

Sin embargo, entre el cielo y la tierra, nada puede permanecer oculto eternamente. A través de estas páginas, si decide leerlas, mi madre también conocerá mis senti-

---

7 Hace poco descubrí el término de «madre narcisista» y pude comprender que se ajusta perfectamente a mi madre. Siempre justificaba su comportamiento como una consecuencia de sus traumas, pero, lamentablemente, ella cumple con todos los rasgos y características de este trastorno de la personalidad. Existe una amplia bibliografía relacionada con este tema que puede brindarte herramientas valiosas para reconocer y sanar de una madre tóxica. Algunos autores y títulos son: Floy, Anna, *¡No estás loca! Es tu madre*; Olga Fernández Txasko, *Sobrevivir a una madre narcisista*; Karyl McBride, *Madres que no saben amar: Cómo superar las secuelas provocadas por una madre narcisista*; Lea Heal, *Madres Narcisistas: Sanando a las hijas víctimas de madres narcisistas a través de una guía sobre cómo reconocer el narcisismo, alejarse de la madre*; entre otros.

mientos. Tendrá que enfrentar la realidad tal como es y no como ella prefiere recordarla. Es mi deber contar mi verdad, y es su derecho decidir cómo enfrentarla.

En Bayamón, con tan solo 9 años de edad, fui abusada sexualmente por el esposo de la tía de mi madre. Fue un secreto enterrado por todos. Esa persona, cuando se vio descubierta, se suicidó. Me responsabilizaron de aquella muerte, a una niña de 11 años. Todos estuvieron de acuerdo en que estaba mintiendo. Con el tiempo, el hermano de mi madre, luego de superar sus adicciones y tener una mente clara, me reveló lo que también había escuchado. Confirmó exactamente cada uno de mis recuerdos de aquel evento. Durante años me hicieron creer otra cosa: que intenté quitarme la vida para llamar la atención y además culpé a ese hombre de abuso sexual como venganza contra mi tía. Es lo que hacen las familias disfuncionales[8] cuando el trauma los sobrepasa.

No fue hasta el año pasado, cuando leí el libro *El coraje de sanar*[9], de Ellen Bass y Laura Davis, el mejor libro que haya leído en mi vida, que logré mirar ese monstruo directo a los ojos y confrontarlo como tal. Consciente de que se

---

8 Las familias disfuncionales carecen de empatía, esa hermosa cualidad de ser capaz de entender la situación y los sentimientos que están experimentando las otras personas.

9 Bass, E. y Davis, L. (1995). *El coraje de sanar*. Editorial Urano: España.

aproximaba el aniversario de aquel doloroso suceso que marcó tres décadas de mi vida. Cuando llegó el día señalado, hice la llamada que tanto tiempo había pospuesto. Fue la primera vez que llamé a mi madre para decirle: «Tú sabes que el abuso sexual que sufrí, por dos años, realmente pasó. No mentí. Eso sucedió y todos lo callaron».

Eso fue todo, y para lograrlo, tuve que ausentarme un día del trabajo y reunir coraje. Fue realmente difícil, pero también liberador. Experimenté cómo un peso enorme abandonaba mi cuerpo en ese preciso instante. Me deshice de una carga muy pesada.

Este trabajo de confesar abiertamente lo sucedido es también parte de ese proceso de sanación. Mi tío arruinó mi niñez, las vidas de su esposa y de sus cuatro hijos. Su muerte no reparó todo el daño, solo lo intensificó.

Ese hombre, a quien todos reverenciaban, llegó al extremo de ofrecerme 200 dólares para que accediera a sus deseos más oscuros. Me sometió a abusos sexuales de las formas más atroces e inimaginables.

Mi tía y su familia eligieron un acto de devastación total: quemaron todas mis posesiones. Despojándome de lo poco que había adquirido con dolor y angustia, solo me borraron de sus vidas y me dejaron en la nada.

Antes de que todo saliera a la luz, intenté quitarme la vida con un frasco de pastillas. Tras mi intento fallido, desperté en una habitación fría y muy iluminada. Estaban mi madre y mi padre allí, unos policías, una mujer y un hombre. Mi madre lo único que me dijo fue: «Tú estás loca». Mi padre indagó un poco más. Pero mi tío se quitó la vida, posiblemente, por miedo de lo que mi padre le haría. Imagínate a un veterano recién liberado de la cárcel, quien había sido consumido por los horrores que experimentó durante la segunda guerra de Vietnam. Yo era la luz de sus ojos.

No recibí consuelo de mi madre, ni su empatía ni su acompañamiento durante ese difícil momento. Al salir de alta del hospital, me encerraron dos meses en un centro psiquiátrico para adolescentes, y mi madre nunca apareció durante ese tiempo.

Mi verano de 1993 transcurrió entre zapatos sin agujetas, pantalones sin correa, agua fría, bandejas plateadas, ruidos al fondo y unas ventanas de cristales. La mayoría de los niños y niñas que eran admitidos a ese hospital habían intentado quitarse la vida, algunos de ellos con esquizofrenia, paranoia, bipolaridad, etc.

Cuando regresé a casa, todo era terrible. Como lo dije anteriormente, me di cuenta de todo lo espantoso de aquel escenario en el que crecí. De casa de mi madre salían y entraban hombres. Aunque no sufrí otro abuso en mi vida, ver todo aquello me generaba pánico. Había mucha violencia.

Mi padre y una de mis hermanas murieron cuando yo tenía 18 años. Cuando mi papá falleció, yo estaba embarazada. La noticia me la dio mi mamá con estas palabras: «El cabrón de tu padre se murió». Sin más. Esa revelación fue un golpe helado para mi corazón. A pesar de sus fallas, él seguía siendo mi padre y lo amaba profundamente. Entre los escasos recuerdos que atesoro de él, uno resplandece con vívida claridad en mi memoria. Fue cuando, siendo apenas unas niñas, nos llevó a mis hermanas y a mí a Wendy's (una cadena de comida rápida) por primera vez. Sentí como si estuviéramos ingresando al mundo mágico de Disney al ver el rostro pecoso de Wendy al fondo de la pared.

Unos meses antes, había perdido a mi hermana por cáncer. Quien quedó embarazada con 11 añitos y dio a luz con apenas 12, la misma que quedó a merced de un pedófilo en la propia casa de mi madre y que unas horas antes de cerrar sus ojos por última vez, tomó mi mano y me pidió que la ayudara, diciéndome que no quería morir.

Paradójicamente, la vida crecía en mi vientre mientras la muerte me acechaba sin piedad. En septiembre de ese mismo año nació mi hijo. Era una madre soltera, apenas mayor de edad, con un cupo en la universidad y un océano de temores que inundaban mi ser.

Con temor, ansiedad y un hijo culminé mi carrera universitaria con éxito. Tenía latente el recuerdo de mi hermana: me inspiraba, me llenaba de fuerza. Fue la única persona en mirarme y decirme: «Yo quiero ser como tú, eres tan inteligente». Mi logro se lo dediqué a su memoria. No quería defraudarla y me motivó a seguir adelante.

Poder estudiar en medio de toda esa tragedia fue un prodigio, así como mi hijo, mi título y mi estabilidad mental y el que pueda escribir estas memorias con total lucidez ES UN MILAGRO.

Soy la oveja negra, un eslabón que desafió la continuidad de una cadena. Tal vez, por eso, mi nombre se destaca por ser único. Entre todas las hijas, soy la única con los ojos verdes, la única que escribe con la mano izquierda y la única con un título universitario y una profesión. Rompí todos los patrones, moldes y afines. Para nadie es un secreto lo dura que suele ser la vida para las ovejas que van en contra del rebaño.

La familia, la sociedad, la cultura, nos pone en un molde;
cuando nos salimos del molde, empieza la curación y,
no solo eso: hay que hacer algo que nunca haya hecho uno
y mientras más difícil, mejor.

ALEJANDRO JODOROWSKY

Traumas intergeneracionales

La ciencia, específicamente la psicología, se ha dado a la tarea de estudiar el impacto que tiene la historia familiar, los traumas y la negligencia en el desarrollo de una persona.

En un trabajo de investigación de la Universidad de Oviedo, Nerea Larrea Velasco refiere lo siguiente:

> El fenómeno de la «transmisión intergeneracional del trauma» se refiere a un proceso en el que la historia traumática de los padres está actualmente afectando negativamente a sus hijos al interferir con su desarrollo socioemocional y su salud mental óptima.

> Debido a que se enfoca el intercambio generacional específicamente de padres a hijos, el proceso de transmisión se define como transgeneracional (Felsen 1998), intergeneracional (Sigal y Weinfeld 1987; Lowin 1983), o multigeneracional (Danieli 1998), según una recopilación de Kellerman.

> Otro término que ha sido acuñado recientemente es el de «trauma histórico» (TH), que se refiere a un trauma colectivo infligido a un grupo de personas con una identidad compartida, que se caracteriza por el legado transgeneracional de los eventos traumáticos experimentados, y se expresa a través de diversas respuestas psicoló-

gicas y sociales. Este constructo se propuso en contraposición al uso del término diagnóstico del Trastorno por Estrés Postraumático (TEPT), debido a las limitaciones identificadas para abordar desde esta categoría los traumas colectivos que se dan en situaciones de violencia política y social.

Estas dificultades al abordar el trauma en un ámbito colectivo se explican porque el TEPT tiene un enfoque individualista, no estudia las repercusiones colectivas ni generacionales e ignora el contexto histórico y cultural donde se produce el trauma[10].

El trauma intergeneracional, por lo tanto, es un entramado complejo que requiere de una visión holística para caracterizarlo, reconstruirlo y tratarlo. Es un aspecto de la salud mental que amerita ser visto con mucha sensibilidad. De hecho, considero, sin temor a exagerar, que solo quienes lo hemos experimentado sabemos las verdaderas implicaciones que esto tiene sobre la salud mental, cognitiva y emocional del individuo.

Lucía Sánchez Casas, en otro estudio académico de la Universidad de Salamanca, España, concluye que:

---

10 Larrea Velasco, N. (2020). Transmisión intergeneracional del trauma psicológico: una revisión sistemática. Universidad de Oviedo. Disponible en: https://cutt.ly/mwJqKVwE

(...) los descendientes de una persona afectada por un evento traumático pueden verse también perjudicados sin haberlo vivido personalmente. El conocimiento de los mecanismos de transmisión, podrían utilizarse para el desarrollo de programas de prevención en personas que han vivenciado un evento traumático, y así frenar la posible aparición de la sintomatología que podría estar dándose en futuras generaciones[11].

Si todavía te quedan dudas de lo impactante que pueden llegar a ser los eventos traumáticos para las siguientes generaciones, déjame compartir una breve explicación de lo que es la epigenética.

Sabemos que heredamos los genes de nuestros padres y esto define nuestros rasgos físicos, inteligencia y hasta la tendencia a heredar algunas enfermedades.

Aunque creer que por los cromosomas llegan traumas cuesta un poco más creerlo. La epigenética dio un salto en esto. Sucede por una etiqueta denominada epigenoma. Lo que hace este elemento es algo tan fascinante como impactante a la vez.

---

11 L. Sánchez Casas, L. (2017). *Eventos traumáticos: repercusiones intrafamiliares y mecanismos de transmisión intergeneracional.* Gredos.usal.es

En estos casos lo que se tiene que hacer es encontrar mecanismos y estrategias para lidiar con el pasado y superar los traumas, evitando de este modo transferirles a las otras generaciones lo que sufrimos en nuestra existencia.

Esto permitirá dar lo mejor de sí mismo a cada uno, trabajar la conducta y hacer de él una persona feliz, madura y con inteligencia emocional[12].

A lo largo de mi vida, he enfrentado innumerables desafíos, pero he sido afortunada de no depender de terapias o medicamentos para encontrar mi equilibrio. Encontré refugio y respuestas inesperadas en la lectura, que se convirtió en mi camino hacia la sanación. He devorado libros, especialmente aquellos sobre espiritualidad, crecimiento personal y autosuperación[13]. Estos temas profundos nunca los había explorado a fondo con nadie más, excepto con mi esposo y, en parte, con mis hijos.

Me ha tocado ser fuerte, valiente y perseverante para materializar este libro. Es la primera vez que saco todo esto de mí con la intención de compartirlo con alguien

---

12 Equipo Psiquiatras Online. 2021. Entendiendo el trauma intergeneracional. Disponible en: https://www.psiquiatrasonline.com/entendiendo-el-trauma-intergeneracional/

13 Algunos autores que me han cambiado la vida y admiro profundamente son: Wayne Dyer, Deepak Chopra, Walter Riso, OSHO, Brian Weiss, entre otros.

más. Tienes en tus manos mi alma entera y con ella todos mis sentimientos. Esta es mi verdad.

Agradezco que estés de ese lado, leyendo mi testimonio, descubriendo lo que pasó hace unos años atrás en Puerto Rico. Una historia como la de tantas otras mujeres que han sufrido de abuso en silencio y complicidad.

La parte positiva de todo esto es que salí adelante, superé todo ese dolor y lo transformé en un propósito, en ayuda, en conocimiento y en arte. Desde la determinación de rehacer mi vida, de sentirme orgullosa de mí misma, de ser diferente, de cambiar el rumbo de mi nave para bien.

No temí reiniciar mi vida desde cero. Me lancé a cambiar mi entorno una y otra vez. Cada tropiezo fue un impulso para levantarme con aún más determinación. Creo con firmeza que la única constante inmutable es la muerte. La valentía de empezar de nuevo ha sido fundamental en mi viaje.

Dejé Puerto Rico atrás para abrazar Nueva York, y ahora llamo hogar a Oregón, Estados Unidos. Sin embargo, si el destino me lleva a comenzar de nuevo en otro lugar, lo haré sin titubear. Adaptarme es parte intrínseca de mi ser. Siempre estoy dispuesta a explorar nuevos horizontes, a cambiar el timón y tomar nueva ruta. Anclar o desanclar el barco y seguir navegando a nuevos puertos.

Me vi en la encrucijada de tomar una decisión dolorosa: distanciarme de mi madre y de mi familia. La cercanía solo parecía avivar las llamas de mi sufrimiento, obstaculizando mi camino hacia la recuperación. A veces, la única salida posible es alejarse. Aunque me duela reconocerlo, encontrar un refugio a miles de kilómetros de distancia se convirtió en mi tabla de salvación. A lo largo de las 3711 millas que separan el Caribe del Pacífico, he emprendido un viaje íntimo que atraviesa océanos de autodescubrimiento y sanación. He cumplido con mi parte del camino; ahora, cada uno debe enfrentar sus propias batallas.

¿Podrías decirme, por favor, qué camino he de tomar para salir de aquí?

—Depende mucho del punto adonde quieras ir —contestó el Gato.

—Me da casi igual adónde —dijo Alicia.

—Entonces no importa qué camino sigas —dijo el Gato.

—...siempre que llegue a alguna parte —añadió Alicia, a modo de explicación.

— ¡Ah!, seguro que lo consigues —dijo el Gato—, si andas lo suficiente[14].

---

14 Carroll, L. (1865). *Las aventuras de Alicia en el país de las maravillas.*

Ahora es tu turno: ¿cuáles son tus logros?, ¿cuáles son tus aspiraciones, deseos y sueños?, ¿cuáles son los detalles que te motivan a continuar?, ¿qué valor le das a tu vida hoy en día?, ¿a dónde quieres virar tu nave ahora mismo?

La sequía detrás del oasis

Sabías que

A nivel mundial, 1 de cada 2 niñas y niños de entre 2 y 17 años sufre algún tipo de violencia cada año. Según una revisión global, se estima que el 58 % de las niñas y los niños en América Latina y el 61 % en América del Norte sufrieron abuso físico, sexual o emocional en el último año.

Estas cifras las reporta la Organización Panamericana de Salud y son realmente alarmantes. Soy parte de esas estadísticas. Lamentablemente, fui una niña que sufrió todo tipo de violencia. Pero esta revelación no es para generar compasión, es para demostrar que, a pesar de esas circunstancias, con fe inquebrantable, perseverancia y un propósito se puede salir adelante.

Cuando eres una niña abusada, en medio de un escenario violento y sin posibilidad de escapar, puedes llegar a pensar que no hay nada que hacer, que perteneces a ese mundo y te dejas arrastrar. Sucede en la gran mayoría de los casos. No obstante, en la medida en que creces no tienes más alternativa que tomar las riendas del asunto y encargarte de tu vida.

Yo decidí atender y reparar a esa niña que fui cuando tuve la conciencia para ello como la adulta que ya era. El cómo lo hice es lo que quiero contarte. Es por esa razón que pido tu permiso para narrarte un momento que dejó una huella imborrable a la temprana edad de nueve años: el abuso sexual del que fui víctima y que me hizo cargar sobre mis hombros el peso abrumador de una culpa ajena. Viví el torbellino de un dolor, un camino marcado irremediablemente por la tragedia.

Un día mi mamá me dijo: «Te voy a llevar a casa de mi tía. Porque de Servicios Sociales van a venir a buscarte, y se las van a llevar a las dos, a ti y a tu hermana pequeña».

Recuerdo que era de noche cuando nos llevaron a casa de mis tíos en Bayamón, mi hermana menor tenía tan solo cinco años para entonces. Estuvo varios días conmigo, pero de un momento a otro, la vinieron a buscar y la llevaron a casa de la hermana de mi mamá. A mí me dejaron sola en aquella casa desconocida para mí.

Al principio, dormía en un cuarto adicional que mi tío, esposo de la tía de mi madre, había construido en la parte de atrás de la casa. Él era constructor y un respetadísimo cartero de la comunidad. Siempre impecable en su apariencia, ataviado con su guayabera y pantalón de vestir, el cabello perfectamente peinado con brillantina «halka», un pañuelo blanco meticulosamente planchado asomando del bolsillo trasero, y un bigote oscuro y recto, digno de un villano de película. Todo un caballero. Además, había servido como soldado en la guerra de Corea. Tenía 62 años.

Mi tía era ama de casa, vendía productos por catálogo en el vecindario. Era una familia muy católica. Todos los domingos, sin falta, asistíamos a la iglesia. Ellos tenían cuatro hijos, dos hembras y dos varones. Uno de ellos me enseñó a cocinar y la otra muchacha me mostró cómo vislumbrar lo que deseaba ver. Era un universo de profesionalismo, pues laboraba junto a abogados y me llevaba con ella a la oficina.

Aunque yo tenía muchas lagunas, hacía que lo sabía hasta que lo dominaba. Las personas no se daban cuenta de que no tenía la formación completa. Yo sí me percataba de esas carencias mientras crecía. Reconocía que no sabía muchas cosas que eran básicas, cuando estaba enseñándoles a mis hijos, datos como banderas de algunos países, algunas áreas geográficas y otras nociones importantes.

Retomando mi historia, la casa de mis tíos me causó un primer impacto positivo, sentí calor de hogar, con luces tenues, un espacio acogedor y tranquilo.

Es irónico cómo, antes de mudarme allí, mis recuerdos más vívidos se remontan a mi infancia en el caserío. Corría libremente por sus edificios, me escondía detrás de los árboles y creaba competencias improvisadas con las hojas que caían en la cuneta. Cada fruta que encontraba en mi camino era un pequeño tesoro y mientras avanzaba, me detenía a observar los movimientos del moviví[15], fascinada por su ciclo de vida, tan lleno de idas y venidas, tal como mi vida misma.

En los caseríos, se erigieron muros que con el tiempo se convirtieron en una especie de cárcel al aire libre, exacerbando la marginación de quienes residían en ese lugar.

Vivía como salvaje corriendo de aquí para allá, pero todo cambió cuando llegué a Bayamón. Eso lo comprobé con un amigo que me dijo ya siendo adultos: «Tú eras bien salvaje y mal hablada, todavía recuerdo cómo me llamaste en sexto grado. Me dijiste "hijo de la gran puta" y lo que tenías era nueve años».

---

15 Una planta originaria de la selva tropical de América de la familia de las fabáceas. Tiene la peculiaridad de cerrar sus hojas cuando las tocas.

Cuando llegué a casa de mis tíos, me inscribieron en la escuela pública modelo de la urbanización, también en cursos de modelaje, de natación. Empecé a ir a la iglesia con ellos. Mi tía me enseñó a tejer, bordar, caligrafía y hasta a rezar el rosario. Esos dos años allí me moldearon. Era una familia de mucho dinero. Entonces, mi tío comenzó a comprarme muchas cosas. Así comenzó todo.

Una tarde, mi tío me dijo: «Vamos a jugar al caballito» y me sentó en sus piernas, en la esquina del mueble de la sala y comenzó a moverme de arriba a abajo. De allí en adelante comenzaron los abusos. Aunque nunca llegó a penetrarme, a pesar de que un día me lo rogó acercando su pene a mi vulva y me ofreció doscientos dólares.

El mayor abuso ocurrió en un clóset que construyó en su cuarto. Estaba ubicado en el baño y tenía una puerta que daba a la marquesina del armario. En ese lugar, él lamía mis senos y tocaba mis partes íntimas, mientras me hacía tocarle su miembro erecto. En mi mente infantil, no podía comprender qué estaba pasando. Pensaba que aquello era expresión de cariño para compensar todo lo material que me daba. Me compraba prendas, me compró un juego de cuarto, remodeló el baño en el pasillo de la sala, me instaló una bañera y lo decoró. En el rincón de esa misma bañera, me encontraba sola dejando que el agua corriera y tirando con fuerza de mi cabello, como si pudiera arrancar de raíz mis aflicciones, cada vez que terminaba el acto sexual conmigo.

Me sentía muy afortunada, pero al mismo tiempo tenía la sensación de estar vendiendo mi cuerpo. No sabía qué hacer. Era apenas una niña. Por mucho tiempo me sentí culpable, creí que era una prostituta, y más aún cuando me responsabilizaron de su muerte. En la primera Navidad que pasé en su casa, año 1991, recibí todos los regalos que nunca tuve: prendas, ropa, perfumes, juguetes.

De adulta, entendí que fui víctima de aquel evento. Comprendí que él se aprovechó de mi inocencia. Una niña de nueve, diez u once años no tiene la madurez para consentir o no todo aquel abuso de un adulto. Es abuso sexual infantil y no tiene otro nombre.

Me arrebató mi inocencia, dejando atrás un rastro de dolor y confusión. Sin embargo, entre todos los recuerdos oscuros, lo que persiste es el aroma de su cabello. El olor a su brillantina quedó impregnado en mi memoria. Es lo que más recuerdo porque cuando bajaba a lamerme mis senos, su cabello quedaba justo en mi cara, por mi pequeña talla de niña. Recientemente, me vi obligada a comprar el mismo producto para revivir ese olor y enfrentar mis demonios. Fue un acto de valentía, una señal de mi determinación para sanar y superar esa sensación paralizante. En el libro *El coraje de sanar* encontré la guía que necesitaba y decidí dar un paso adelante en mi camino hacia la recuperación.

Una de las cosas notables que recuerdo de mi estadía con ellos, es que viajé a Nueva York y a Canadá. Era la primera vez que salía de Puerto Rico. Imagínate, era como sumergirme en un mundo de ensueño. Cada momento lo sentía como una escena de una película mágica. Dinero, joyas, hoteles, diversión. Ni en esos viajes, él dejó de abusar de mí. Esperaba que mi tía se distrajera para manosearme.

En su casa, en el clóset, se encerraba conmigo. Apenas escuchaba a mi tía venir, me hacía salir por la puerta secreta del armario a la marquesina y me decía que pretendiera que estaba jugando.

Así transcurrieron dos años de mi vida. Escribía en un diario que se convirtió en mi único santuario, ocultándolo en lo más profundo de un barril dentro de mi habitación. En sus páginas, plasmaba los detalles de las atrocidades que sufría a manos de él.

Empecé a sentir sensaciones sexuales, al punto que empecé a tocarme mis genitales con un peluche que tenía. Era el resultado de unos impulsos que nunca había sentido antes.

Después me llevó a una casa de campo en la que construyó una letrina y me miraba mientras yo me bañaba. Era un acoso constante. Era una sombra y no tenía a quién decírselo. Mis hermanas estaban lejos. No tenía contacto con mis padres. No tenía salida.

Creo que mi tía sospechaba algo porque siempre me gritaba y me trataba mal sin razón ni motivo mientras que en otras ocasiones, era muy cariñosa. Cuando me trataba mal yo decía: «¿Qué le pasa a esta señora?, ¿por qué me trata así?».

Se molestaba porque me daban muchas infecciones de orina, también se me bajó la hemoglobina. Era consecuencia del abuso y nadie se percató de ello. Según ella, era porque me limpiaba la vulva de atrás para adelante y que tenía que ser de adelante hacia atrás y eso provocaba infecciones. Su solución era llenar la bañera de vinagre para que me aliviara el ardor y picor.

Insisto, no sé si ella lo sabía y trataba de ignorarlo o realmente no estaba enterada, pero lo sospechaba.

Cuando cumplí los 11 años, iba a hacer la primera comunión. Uno de los requisitos para recibir ese sacramento era confesarse con el sacerdote. No le pude decir al cura que estaban abusando de mí sexualmente. Callé por vergüenza y porque no era consciente de que se trataba de un abuso. Creía que estaba permitiendo todo aquello y era responsable. Me sentí tan sucia recibiendo la hostia, el cuerpo de Cristo, porque con la inocencia de mi edad me sentí indigna, a tal punto que jamás he vuelto a comulgar en mi vida.

Para mí ese fue un momento traumático. Salí del confesionario y él me estaba esperando afuera a ver qué decía. Pero yo nunca pude confesarme. Su mirada era de acoso; sin embargo, hacía ver que simplemente me estaba protegiendo.

Transcurrieron dos meses. Una mañana, mi tía quedó en firmarme el permiso para ir a un parque acuático; la actividad era por motivo de mi graduación de sexto grado. Como mencioné antes, mi tía cambiaba de humor conmigo drásticamente, sin motivo alguno. Cuando le pregunté por el permiso, ella se enfureció y empezó a lanzar las puertas de los gabinetes. Molesta dijo: «Yo me voy a ir de aquí» para mí fue como un balde de agua fría escuchar aquello. Si ella se iba perdía la poca seguridad que tenía. Cuando ella estaba en casa, él no se me acercaba.

Con mucha angustia, le respondí: «Si tú te vas, yo me voy primero que tú» esas fueron las últimas palabras que le dije a ella. Apresuradamente, me dirigí al armario del baño y agarré el primer frasco de píldoras que encontré. Al salir corriendo por la puerta del armario, atravesé la marquesina hacia el portón principal de la casa, y mientras caminaba, me tomé las pastillas. Fue irónico que, en mi desesperación, terminara siguiendo el mismo sendero de escape que mi tío me había instruido a seguir en aquellos momentos de peligro, cuando podía ser descubierto.

Hasta ese día, mi desempeño escolar era excelente y en la comunidad era sociable. No sé cómo lo hacía, pero mi conducta no demostraba que era una niña maltratada. Creo que siempre viví negándome a mí misma lo que estaba ocurriendo.

Mi mejor amiga que me vio en el estado en que llegué, fue la única en saber que me había intentado suicidar. Le dije: «Me acabo de tomar estas pastillas porque no quiero vivir más. Mi mamá no está aquí, mi papá tampoco. Extraño a mis hermanas. Estoy sola, mi tía me grita y mi tío me toca, y ya no quiero que me toque más» luego de eso, todo se borró a mi alrededor.

Al abrir los ojos estaba en el hospital rodeada de policías con un tubo nasogástrico atravesando mi garganta. Recuerdo las primeras palabras de mi madre al verme en aquel estado: «Estás loca». De allí se fue con mi tía porque se le subió la presión. Y mi papá, que ya estaba fuera de la cárcel, se quedó parado a mi lado sin decir nada.

Posteriormente, me trasladaron a una Unidad Psiquiátrica para Adolescentes (UPHA) en Bayamón, Puerto Rico. Era un hospital destinado a jóvenes con problemas graves, donde presencié sucesos inquietantes y estremecedores.

Al llegar por primera vez a la UPHA, un escalofrío intenso me recorrió el cuerpo, penetrándome hasta lo más profundo. Los pasillos se extendían en una larga línea azul, las habitaciones carecían de puertas, la ducha no tenía cortinas, y se me prohibió usar cualquier cosa que pudiera representar un riesgo, como cordones, objetos punzantes o correas. Todo debía ser proporcionado por ellos.

Todas las niñas teníamos que bañarnos al mismo tiempo. El agua era muy fría. Me recordaba al agua de la casa de campo, donde me bañaba en la letrina, frente a la mirada expectante de mi tío.

Recuerdo que, justamente, frente a la sala de recreo, había una habitación para jóvenes con problemas más agudos. Había una joven que tenían que sacar con camisa de fuerza hacia la sala. Sus gritos siempre se quedaron grabados como eco en mi corazón.

Frida Kahlo[16] una vez dijo: «Pinto flores para que así no mueran». Esta cita resuena con lo que experimenté en aquel centro. Para no caer ante la oscuridad, comencé a crear arte. Todos los jóvenes que compartíamos ese espacio, aunque no éramos iguales en todos los aspectos, compartíamos un dolor común: corazones rotos, sufrimiento y una profunda fatiga emocional. Para aliviar nuestras cargas, concebimos un guion para una obra de teatro, donde representábamos escenas basadas en nuestras

---

16 Artista mexicana.

propias realidades. Juntos, reímos y lloramos, olvidando por un momento el oscuro abismo que todos habíamos enfrentado: el deseo de poner fin a nuestras vidas.

Pasé todo el verano allí, conviviendo en un espacio reducido con tantas personas desconocidas y tan repentinamente, sin derecho a saber por qué. Mientras miraba a través de esas ventanas de cristal, pensaba por qué estaba pagando una condena por un delito que no había cometido yo. Era como si fuera una pared transparente, pero imposible de atravesar, sin posibilidad de escape... La culpa hizo de las suyas. Desde que abrí los ojos en ese hospital, todos me miraban como si yo era culpable, excepto mi papá.

La muerte de mi tío había sido mi culpa por mentirosa, por caprichosa. Mi intento de suicidio fue porque mi tía no me firmó el permiso, porque me molesté con ella, porque fue mi expresión de rebeldía. Esa fue la historia que les vendieron a todos. Así fue como me convertí en la responsable de que él se quitara la vida y pasé a ser la victimaria de una familia.

Al día siguiente, mi tío colocó una soga en el portón del *laundry* donde él me sentaba en la lavadora y abusaba de mí. Ahí mismo se ahorcó. Murió por asfixia. La escuela ya le había comunicado que las autoridades querían hablar con él. Así que optó por quitarse la vida y dejar una carta para su esposa e hijos negando rotundamente haberme tocado, alegaba que yo mentía.

Ellos quemaron todas mis cosas, incluyendo el diario. Simularon que nunca pasó. Decidieron que yo no necesitaba ayuda de nadie porque no me había pasado nada. Con esa carga emocional y el rechazo de mi familia, he vivido treinta años. A pesar de todos sus intentos por borrarlo, la verdad, inevitablemente, se revela.

La única visita que recibí en el hospital psiquiátrico fue la de mi hermana mayor, quien tenía 19 años en ese momento. Recuerdo que estábamos en el cuarto las dos y el doctor le dijo que debíamos poner un anuncio en el periódico para ver si alguien se encargaba de mí, porque nadie quería hacerlo. Y yo le dije al doctor, en mi ignorancia de niña, que si yo era un champú para ofrecerme de esa manera.

Una vecina de mami, a quien yo le decía tía porque cuando creces en estas barriadas es normal que todos los adultos alrededor sean tíos, padrinos, primos, etc., se ofreció a recogerme del hospital, comprometiéndose con los Servicios Sociales para cuidar de mí. Viví con ella como por dos semanas, hasta que mi mamá me llevó de nuevo a casa. Me enteré luego de que ese era el acuerdo.

Resulta irónico, que antes de regresar al residencial, fuera a recibir mi diploma de la primaria, con las manos atadas con unas abrazaderas de plástico para que no me hiciera daño. Allí me entregaron un trofeo de alto honor por mi excelente desempeño académico mientras que el consejero del hospital me observaba a distancia. Esa fue mi despedida de Bayamón.

De regreso a otro círculo del infierno

En casa de mi madre, las cosas iban de mal en peor. Entraban y salían hombres. Mi hermana, una niña con una hija. La miseria, la pobreza. El deterioro de mi mamá a causa de su adicción.

Ya tenía un punto de comparación y todo me parecía más oscuro de lo que podía recordar.

Era una niña con una autoestima destruida, capaz de dejarse tocar una vez más a cambio de unos cuantos dólares. Estaba moralmente destruida. No respetaba mi cuerpo. Dejando que todos se aprovecharan de mi belleza. De mí no quedaba nada. Normalizaba las aberraciones de unos adultos incapaces de protegerme.

Cuando regresé a esa zona, ya estaba militarizada, declarada una guerra entre residenciales. Era otro ambiente, diferente y hostil. No era posible que la niña salvaje regresara a correr por todos aquellos edificios. Los muchachos de la zona me veían diferente, ya era una niña con senos, y en plena adolescencia. Ya no había respeto.

En los siguientes capítulos ahondaré más acerca de las consecuencias a largo plazo del abuso sexual del que fui víctima. Porque eso tiene raíces, deja secuelas y te conviertes en una cadena de desaciertos, hasta que tocas fondo.

Lo que dicen los expertos acerca de la violencia contra niñas y niños

De acuerdo con la Organización Panamericana de la Salud (OPS)[17],

> La violencia contra las niñas y los niños incluye la violencia física, sexual y emocional, así como el abandono y la explotación de menores de 18 años. La violencia contra las niñas y los niños puede ocurrir en el hogar y en la comunidad. Puede ser perpetrada por cuidadores, compañeros o extraños. Los tipos de violencia incluyen el maltrato infantil por parte de adultos en un puesto de responsabilidad, el acoso y las peleas físicas

17 Organización Panamericana de la Salud. Violencia contra las niñas y los niños. https://www.paho.org/es/temas/violencia-contra-ninas-ninos

entre pares, la violencia sexual y la violencia en el noviazgo, así como el asalto asociado con la violencia entre pares y pandillas. La violencia contra los niños se solapa con la violencia juvenil. Puede comenzar entre los grupos de edad más jóvenes, luego escalar y continuar hasta la edad adulta.

Es decir, que mis hermanas y yo fuimos víctimas de violencia infantil, desde todos los puntos de vista. Ahora bien, ¿cómo esto afectó nuestras vidas? Siguiendo con las palabras de la OPS:

La violencia tiene graves consecuencias para la salud y el bienestar de las niñas y los niños, y sus comunidades. Puede resultar en la muerte, incluidos los homicidios de niños y jóvenes. La violencia también se ha relacionado con una serie de problemas de salud física, sexual, reproductiva y mental, incluido el deterioro del desarrollo social, emocional y cognitivo, lesiones y problemas de salud a lo largo de sus vidas, así como la adopción de conductas de alto riesgo como fumar, abuso de alcohol, drogas y sexo sin protección. Los costos sociales y económicos de la violencia son altos y a menudo para toda la vida, incluido el bajo rendimiento escolar, un mayor riesgo de desempleo y pobreza, así como una asociación a la pertenencia en pandillas o crimen organizado[18].

---

18 Organización Panamericana de la Salud. Violencia contra las niñas y los niños. https://www.paho.org/es/temas/violencia-contra-ninas-ninos

Es por esta razón que sostengo con convicción que mi existencia es un prodigio, una manifestación palpable del amor divino y la obra sublime de Dios en este mundo. Pude tomar tantas rutas de escape, de hecho, lo intenté, pero mi propósito era sobrevivir a todo aquel infierno para estar hoy aquí, al servicio de otras personas.

Hay un trabajo de investigación que aborda esas variables en cuanto a las consecuencias del abuso sexual infantil. Sus autores, David Cantón-Corté y María Rosario Cortés, concluyeron que:

> Como constatan los numerosos trabajos publicados al respecto, la vivencia de una experiencia fuertemente estresante, como es el abuso sexual en la infancia, conlleva el posible desarrollo de múltiples problemas emocionales, sociales, conductuales y físicos. La naturaleza de dichos problemas depende, entre otros muchos factores, del momento evolutivo en el que se encuentra la víctima. Algunas de las variables que pueden explicar la gravedad de la sintomatología son las características del abuso, agresor y víctima. Sin embargo, aunque estas características pueden ayudarnos a identificar cuáles son las víctimas con mayor riesgo de dificultades de adaptación, al ser fijas y no poder ser objeto de intervención, su utilidad clínica es muy limitada. Debido a ello, los factores ambientales, y especialmente, las va-

riables cognitivas de la víctima que correlacionan con la resiliencia (estrategias de afrontamiento, atribuciones de responsabilidad, sentimientos provocados por el abuso y el estilo de apego) resultan de mayor utilidad para diseñar una intervención eficaz. Concretamente, la sustitución de estrategias de afrontamiento de evitación por estrategias de aproximación, la eliminación de las atribuciones de autoinculpación e inculpación a la familia y de las cuatro dinámicas traumatogénicas (sentimientos provocados por el abuso) y la promoción de un estilo de apego seguro resultarían beneficiosos a la hora de prevenir futuros problemas causados por la experiencia de abuso. Por lo tanto, los profesionales deberían ser conscientes de esta problemática, y especialmente, de las variables intervinientes en la aparición de estos efectos, a la hora de enfocar los programas de intervención y tratamiento a estas víctimas[19].

De manera intuitiva, y guiada siempre de la mano de Dios, apliqué esas estrategias en mi vida para superar todos aquellos años de violencia. No todas las personas respondemos de la misma forma, por eso es muy importante

---

19 Cantón-Cortés, D., & Rosario Cortés, M. Consecuencias del abuso sexual infantil: una revisión de las variables intervinientes. *Anales de Psicología, 31*(2), 607-614. https://dx.doi.org/10.6018/analesps.31.2.180771

que puedas buscar ayuda profesional. En mi caso no contaba con la orientación para hacerlo, y la vida me dio otras herramientas. Pero si estás en la posibilidad de encontrar un terapeuta o un especialista en salud mental, no lo dudes ni por un segundo. Se puede superar, se puede crecer, se puede florecer aún y, mientras respires, siempre estás a tiempo de empezar de nuevo.

Son muchas las organizaciones, grupos de apoyo y entidades gubernamentales abocadas a dar respuesta a una problemática tan grave para la humanidad.

Entre los innumerables recursos que se tienen disponibles en Internet con estadísticas, estudios y recomendaciones, hay uno, de la República de Argentina, que ofrece una interesante guía de orientaciones para la intervención docente e institucional en el ámbito educativo para la detección temprana e intervención en caso de abuso sexual infantil.

> La escuela, en tanto ámbito de educación y socialización de los niños, niñas y adolescentes, donde se establecen relaciones de confianza y de pertenencia, tiene un lugar fundamental en la detección de situaciones de violencia y abuso sexual. Una mirada atenta de los y las docentes posibilita la intervención temprana y permite

activar la red de respuestas institucionales necesarias para contener y proteger a los niños, niñas y adolescentes[20].

Desearía haber conseguido esto también en mis centros de estudios. Es por esa razón que comparto un resumen de esas recomendaciones a continuación. La idea de este libro también es sumar experiencia, recursos y empoderar a las personas con información. Porque, a fin de cuentas, todos somos corresponsables en atender y auxiliar a la infancia, de ello depende el futuro de la humanidad. Como lo expresa el mismo documento antes mencionado: «estamos obligados legal y éticamente a actuar».

La ruta de intervención propuesta desde el sistema educativo sigue las siguientes recomendaciones:

- Estar atenta y promover un espacio de escucha respetuosa.

- Creerle a la víctima, tratarla con respeto y dignidad.

- Brindarle confianza y seguridad, manteniendo la calma.

---

20 Abuso sexual contra niños, niñas y adolescentes Guía de orientaciones para la intervención docente e institucional en el ámbito educativo. *Red por la infancia*. Ministerio de Educación, Cultura, Ciencia y Tecnología. República de Argentina. Disponible en: https://redporlainfancia.org/wp-content/uploads/2021/06/Abuso-sexual-contra-niA%CC%83%C2%B1os-niA%CC%83%C2%B1as-y-adolescentes-web.pdf

- Escucharla sin corregirla, ni confrontarla. No forzar su relato.

- No expresar desaprobación por los actos relatados o sobre el supuesto agresor.

- Decirle que los hechos no fueron producidos por su culpa.

- Valorar su valentía de haberlo contado.

- No aceptar mantener el secreto de lo develado, aclararle que solo lo contará a personas que puedan ayudarlo.

- No obligarla a reiterar los hechos ante diferentes actores institucionales ni repreguntarle una y otra vez sobre lo que sucedió.

- Registrar el relato espontáneo del niño o la niña (NNA) y transcribir textualmente sus palabras de forma entrecomillada y especificar las circunstancias en las que recibe el relato.

- Contener y orientar al NNA y a su familia o a aquellos referentes significativos (abuelos, tíos, vecinos) con los cuales el NNA se sienta protegido y evitar la comunicación con el presunto agresor cuando el abuso es intrafamiliar.

- En caso de que el agresor indicado por el NNA forme parte del personal del establecimiento, se deberá comunicar a las autoridades de competencia del Ministerio de Educación jurisdiccional según la normativa correspondiente, para que en forma inmediata se tomen las medidas que eviten que la persona involucrada tenga contacto con la víctima u otros estudiantes de forma preventiva.

- Comunicar de inmediato a las autoridades de la escuela: Dirección, Coordinación de Área, a la Dirección de Nivel y Modalidad y a los Equipos de Apoyo y Orientación del ámbito educativo, según normativas educativas jurisdiccionales.

- Mantener una actitud respetuosa a la intimidad del NNA víctima, protegiendo siempre su derecho a la intimidad y evitando que se den a conocer hechos que lo vulneren.

Ante una sospecha de abuso, el docente nunca debe actuar a solas. Debe recurrir a la Dirección de la escuela e informar sobre la situación del alumno o alumna, para solicitar la intervención pertinente, en función de las características particulares del caso. Asimismo, se generarán las comunicaciones correspondientes con los equipos interdisciplinarios o de orientación escolar acerca de la situación.

- La conducción de la institución escolar, deberá informar a la supervisión o inspección escolar correspondiente a cada nivel educativo, así como también informar a los equipos de orientación escolar, para el posterior seguimiento e intervención.

- Se dejarán registradas todas las intervenciones o acciones que se realicen, en el libro de actas de la escuela, firmadas por todos los actores involucrados.

- En caso de advertir indicadores físicos que ameriten una intervención de urgencia, se debe recurrir al servicio de salud de forma inmediata. No es función del docente verificar la existencia de signos de daño en el cuerpo del NNA. Esta es una prerrogativa del sistema de salud. Solo el personal médico está habilitado para revisar al niño y dejar constancia fehaciente de lo observado.

- No se debe ignorar, minimizar o desestimar el relato, o realizar un juicio de valor acerca de la sospecha de abuso sexual contra un NNA.

- No se debe interrogar al NNA. La función del establecimiento educativo es simplemente recepcionar el testimonio del NNA (cuando lo hubiera) e indagar datos mínimos suficientes para orientar la intervención inmediata.

En mi caso, nadie me creía. Mi familia me dio la espalda y negó todo, incluso mis emociones. La escucha de quienes me importaban brilló por su ausencia, hasta el sol de hoy, ninguno de mis familiares se ha tomado la molestia de consultarme lo qué pasó. Mi testimonio no fue suficiente, el agresor se había quitado la vida, y sin cuerpo no hay crimen, es lo que dicen por ahí.

Qué diferente habría sido si desde la escuela hubiesen detectado las señales de abuso. Tal vez, no hubiese tenido que atentar contra mi propia vida, aquella persona habría respondido a la justicia y asumido su responsabilidad. Ya no tiene caso, pero la vida de otras niñas y niños puede ser diferente. Ya sea que estés a cargo de la educación de menores o tengas vecinos o amigos con niños y niñas, puedes ser esa persona que haga la diferencia.

Cuando reflexiono desde la adulta que soy

Aunque aquella casa de mis tíos resultó ser una pesadilla, al menos me permitió ver otras condiciones de vida, mirar fuera de la burbuja de desdicha y violencia del residencial. Aunque pudiera sonar contradictorio, fue la primera vez que pude soñar despierta con un mundo mejor.

El ambiente en el que pasamos nuestros primeros años de vida no debería definirnos, es verdad, pero es innegable que nos afecta y condiciona, si no tenemos la posibilidad de mirar un poquito más allá. El destino me condujo a un episodio doloroso para mostrarme esa otra posibilidad. Supongo que esa fue la verdadera razón de aquella estadía.

Me empeñé en creer que yo merecía un estilo de vida digno, honesto, tranquilo. Nunca más pude aceptar como «normal» todo aquel margen de penuria en el que crecí y donde vi descomponerse moralmente a mi madre. Desde entonces, mi vista estaba enfocada en salir de allí, reconstruir mi vida y dejar atrás todo aquel dolor y sufrimiento.

Estudiando me sentía bien, me daba la sensación de que me acercaba a otro contexto, a otros escenarios, y le tomé un amor apasionado a aprender, leer, estudiar. Al ver a mis profesores, a otras personas vistiendo diferente, hablando refinado, expresándose con un tono de voz adecuado y agradable, encontré una inspiración.

Ya no quería ser como mis padres de grande, quería hacerlo diferente, me tuve que dar yo misma ese permiso. Honrando la vida recibida, me hice cargo de mí.

Desde muy joven, tracé mi meta: algún día me convertiría en alguien tan educada como mis profesores, tan culta como esos académicos que leía en distintos libros de texto. Ayudaría a otros a encontrar esa pasión por la vida, y mi vida volvería a empezar.

Mi vida continuó y le dedico cada logro, cada momento feliz, a mi hermana quien no lo logró, quien fue sorprendida por la muerte antes de poder darse una oportunidad.

A ella también van dedicadas estas memorias.

Antes de continuar, ¿sabes qué es eso que a ti te motiva? ¿Qué cosas te sacan de este mundo, así sea por un breve momento? ¿En qué momentos te sientes libre? ¿Dónde está tu inspiración? Cuando consigas ese rincón del mundo que te brinda paz, no dejes de buscar allí las respuestas, encontrarás la salida y la salvación.

Una reflexión final

No me gustaría cerrar este capítulo sin referirme a la prevención. Creo, firmemente, que todo mal que se le pueda evitar a un niño o a una niña es un acto de bondad para toda la humanidad. Es por esto por lo que comparto a continuación un fragmento del libro de Mariana Filión[21], una maravillosa mujer que nos regala unos valiosos consejos para la prevención de la violencia infantil en cualquier contexto:

---

21 Filión, M. (2004). Porque los Ángeles Lloran: Pedofilia crimen «imperdonable». Editorial Centro Grafico Grafito: Puerto Rico.
Aunque su autora ya no está con nosotros en este plano terrenal, su obra fue parte esencial de mi proceso de aceptación y sanación. En esta publicación se relatan cuatro casos de abuso sexual infantil. Y contiene información, sobre incesto, pedofilia, la pornografía infantil y el maltrato de menores. Además, orienta sobre el maltrato y cómo ayudarse a sí mismo a sanar física, emocional y psicológicamente, de manera tradicional y con terapias alternativas de crecimiento espiritual.

PREVENCIÓN

Cuando ocurre un evento negativo durante el desarrollo, las emociones y los sentimientos son la parte más afectada de la personalidad, sobre todo cuando los hechos ocurren dentro de un ambiente familiar, como la escuela, la iglesia, la comunidad, o el hogar. Para evitar que el abuso sexual entre en nuestro hogar y continúe destruyendo nuestra sociedad debemos estar orientados y sobre todo orientar a nuestros niños.

1. No dejes a tus niños solos o sin supervisión.

2. Si está en un lugar público (un parque recreativo, la playa o en una fiesta), supervisarlos constantemente.

3. Fomenta la comunicación efectiva. Escucha a tus hijos con amor y tolerancia, no muestres desconfianza o dudas ante lo que ellos te comunican. Dialoguen sobre lo que ocurre durante el día en su diario vivir y sus relaciones con otras personas dentro y fuera de su entorno familiar.

4. Orienta a tus hijos sobre el abuso sexual de menores, infórmales sobre los sucesos sin crearles pánico.

5. Intenta crear un ambiente de confianza en todo momento entre tú y tu hijo para que no tenga secretos contigo.

6. Demuéstrale tu apoyo y hazle sentir que sin importar lo que suceda tú siempre lo amarás.

7. No permitas que comparta con extraños sin su supervisión.

8. No permitas que esté a solas con un adulto (el vecino, el sacerdote, el maestro, el médico, el artista, el amigo, el tío). En caso necesario de dejarlo solo con un familiar, mantente en comunicación por teléfono.

9. No permitas que el niño se siente en la falda de otras personas.

10. No permitas que el niño observe o acaricie áreas genitales de otra persona ni que participe en exposiciones deshonestas.

11. Enséñales a decir «no».

12. Enséñales a conocer sus sentidos y su cuerpo. Debes indicarle cuáles son sus partes del cuerpo, privadas y especiales, y a llamarlas por su nombre correcto.

13. Habla con tus hijos sobre educación sexual, sin tabúes, utiliza libros educativos. Enséñales a manejar su sexualidad de forma responsable. Sé sincero en tus respuestas.

14. Debes enseñarle que, si alguien toca su cuerpo de forma que le incomoda o toca sus genitales, debe negarse, intentar escapar y contarle a la persona de confianza más cercana.

15. Explícale que el abuso sexual es un crimen que debe ser denunciado, no debe guardarlo en

secreto, el mayor cómplice de este crimen es el silencio.

16. Enséñale a no abrir la puerta de su casa si alguien toca, sin tu autorización.

17. Enséñales a no aceptar regalos de extraños, si lleva un regalo o dinero a su casa, pregúntale al niño quién se le dio y por qué.

18. Supervísalo cuando está usando Internet, prohíbele enviar fotos y dar su dirección residencial.

19. Si notas a tu hijo(a) triste, lloroso o nervioso, abrázalo con ternura y pregúntale que le pasa.

20. Sé la mejor amiga o el mejor amigo de tu hija(o).

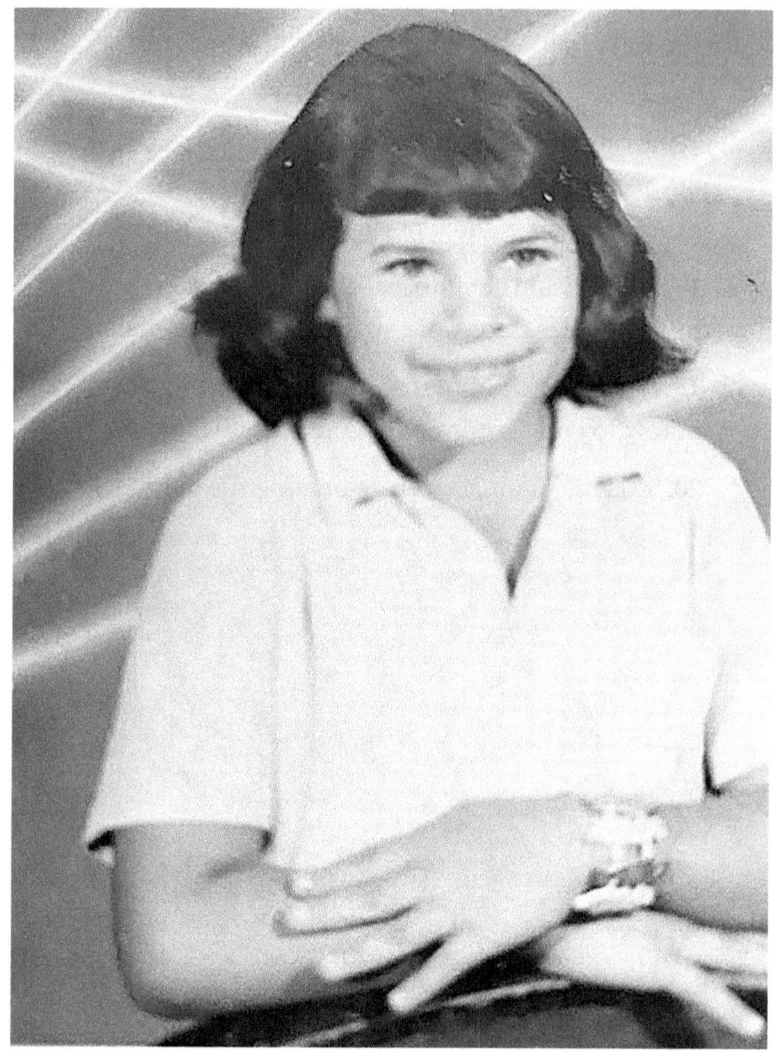

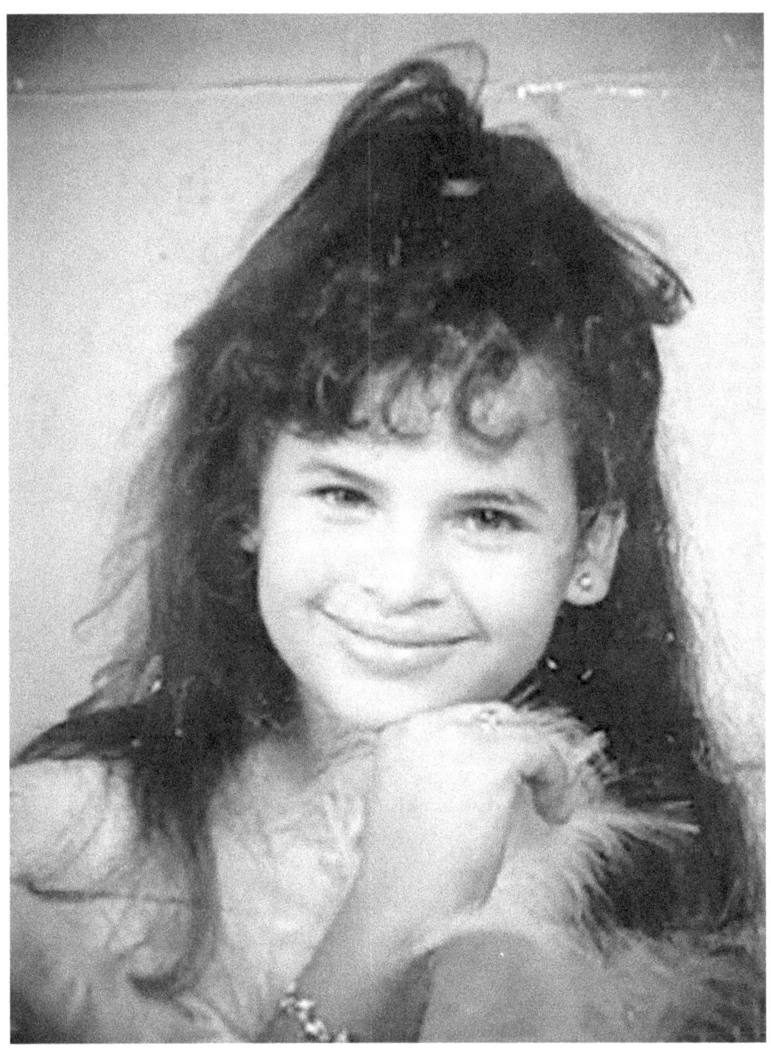

Capítulo 3

Regreso al abismo

En el residencial era imposible soñar, es que ni siquiera podía dormir decentemente. Cuando has visto el otro lado de la realidad, empiezas a fijarte en detalles que anteriormente habrían pasado desapercibidos. No era la misma niña que dos años atrás había salido de ese abismo. El abismo tampoco era el mismo.

Antaño, si mal no recuerdo, mi vida era un festín donde corrían todos los vinos, donde se abrían todos los corazones.

Una noche, senté a la Belleza en mis rodillas. Y la encontré amarga. Y la injurié.

Yo me he armado contra la justicia.

Yo me he fugado. ¡Oh brujas, oh miseria, odio, mi tesoro fue confiado a vosotros!

Conseguí desvanecer en mi espíritu toda esperanza humana. Sobre toda dicha, para estrangularla, salté con el ataque sordo del animal feroz.

> *Yo llamé a los verdugos para morir mordiendo la culata de sus fusiles. Invoqué a las plagas, para sofocarme con sangre, con arena. El infortunio fue mi Dios. Yo me he tendido cuan largo era en el barro. Me he secado en la ráfaga del crimen. Y le he jugado malas pasadas a la locura[22].*

Al igual que Rimbaud, autor del poema, de regreso a la casa de mi madre, a mí también me aguardaba otra *temporada en el infierno*, con sus sombras, con amenazas más grandes, con lobos sedientos de carne nueva. En mi equipaje solo cargaba el trauma de un abuso, y una nota mental que decía: «Esto no lo es todo en la vida, allá afuera hay mucho más».

La determinación de buscar una vida mejor fue mi ancla. A pesar de ser sacudida por la pobreza y la adversidad, finalmente reuní fuerzas y me aferré a la promesa de superación personal. Sabía que podía convertirme en alguien y estaba decidida a hacerlo realidad.

La música, especialmente la salsa, ritmo esencial para los puertorriqueños, me sirvió de *leitmotiv* en esos

---

22 Arthur Rimbaud (1854-1891) fue un poeta francés que comenzó a escribir a la corta edad de 16 años. Este es un fragmento de uno de sus poemas, compilado en la única obra que fue publicada por él mismo: *Una temporada en el infierno*. Puedes creer que, con ese talento, y esa prosa tan perfecta, a los 20 años de edad decidió que nunca más escribiría. Sin embargo, nos dejó una gran obra poética, digna de ser reconocida.

momentos de penumbra. Recuerdo que en mi *walkman* reproducía mis canciones favoritas, y Héctor Lavoe me susurraba al oído: *Pronto llegará el día de mi suerte. Sé que antes de mi muerte seguro que mi suerte cambiará*[23]. Las letras de sus canciones me convencían de que todo cambiaría. Pero entre ese deseo y la realidad se interponía una gran cantidad de obstáculos. Algunos parecían estar puestos allí por el azar, para cumplir con un propósito, otros los atraía yo misma y toda la oscuridad que arropaba mi alma en ese instante de gran debilidad.

Mi vida inmediata era una película de terror. Una noche, poco después de salir del hospital psiquiátrico, se celebraba Halloween. Me encontraba distraída mirando por la ventana hacia una pequeña plaza cercana. De repente, noté la llegada de un grupo de hombres a caballo, vestidos con atuendos de mujer y pelucas, portando armas largas. Se dirigían a un enfrentamiento en un lugar cercano. Para mí, esa imagen, casi apocalíptica, fue realmente impresionante.

Era 1993, seguía siendo una niña, víctima de abuso sexual, confundida, llena de angustia no gestionada. Era tan

---

23 «El día de mi suerte» es una de las joyas de la música contemporánea, y una de las más icónicas colaboraciones entre Héctor Lavoe y Willie Colón. El tema se lanzó en los años 70 y pertenece al disco *Lo Mato*.

solo una niña de 12 años con una mente trastocada por el maltrato. En lugar de estar navegando aún en un mundo de ilusión, juegos y cuentos por las noches con un besito en la frente, era una niña arrastrada a la adultez por circunstancias externas.

> Hay diferentes maneras de cómo los niños vivencian el abuso. Algunas veces, embotados emocionalmente no le encuentran ningún sentido; otras, corrompidos e identificados, desarrollan una fascinación por el abuso y desean convertirse en un abusador; lamentablemente también lo suelen tomar como la única manifestación de cariño que reciben y cuando son muy pequeños lo pueden entender como un juego. Los padres de un niño de ocho años consultaron por una masturbación compulsiva de su hijo, desde los cinco años. Según él, una niñera le había enseñado a hacerlo. Era un niño que había sufrido durante su primer año de vida una patología muy extraña, en la que quedaba en apnea y había que reanimarlo. No tenía en ese momento buen pronóstico y se esperaba que no pudiera salir con vida de algunos de esos episodios. Evolucionó bien y a partir del segundo año se transformó en un niño muy ansioso. A partir del inicio de la masturbación, bajó su nivel de ansiedad y él decía que le gustaba hacerlo; durante su análisis, entendimos que le permitía liberarse de la angustia de muerte y que

estaba muy agradecido por eso a su niñera. Como psicoanalistas deberíamos darle lugar a este tipo de sentimientos que tienen los niños y analizarlos en el consultorio, pero también tenemos que comprender que los padres no lo entiendan y que el adulto que provocó esa conducta fue responsable de una acción dañina para el menor, a pesar de que en este caso tan especial haya tenido otro desenlace en la mente de ese niño[24].

Mi familia nunca comprendió la magnitud del daño que desencadenó ese abuso en mi conducta. Fui siempre señalada como la culpable, la ingrata y malcriada niña que no supo valorar una mano amiga. La acción dañina fue ocultada tras el suicidio del perpetrador. Pero las consecuencias no murieron con él. A partir de entonces, comencé a tener conductas inapropiadas para mi edad, tocándome, deseando sentir aquellas sensaciones que descubrí de mala manera siendo tan solo una niña. Era parte del trauma, pero no lo sabía.

Yo veía a maestros y a otros niños de mi edad con deseo sexual. Siendo adulta fue que comprendí que eso no era normal en el comportamiento de una niña de 11 años.

---

24 Durand, N. (2020). *Cuerpos profanados, mentes quebrantadas. Abuso sexual infantil. Abuso sexual infantil Psicopatol.* salud ment. Disponible en: https://www.fundacioorienta.com/cuerpos-profanados-mentes-quebrantadas-abuso-sexual-infantil-m4/

Fui reprogramada por ese señor a ver mi cuerpo como un instrumento que podía brindarme soluciones, regalos, dinero, seguridad. Así fui relacionándome en el residencial. Total, había vuelto sin ninguna esperanza de regresar a Bayamón. De forma paradójica, sentía que mientras más me alejaba de esas memorias, más me acercaba a ellas.

Recuerdo a un señor que vivía en el residencial, en el mismo edificio de la vecina que me acogió durante los primeros días de mi regreso. El olor de ese señor era muy fuerte y desagradable, sin embargo, lo dejaba que se acercara a mí y me tocara un seno; a cambio me daba una moneda de unos veinticinco centavos. Con eso me iba a comprar algunos dulces. Un hecho monstruoso para cualquiera, pero para mí era todo muy natural.

Mientras avanzaba en mi camino hacia la adultez, entre libros y reflexiones, pude finalmente comprender que aquellos sucesos dolorosos eran también secuelas de mi infancia marcada por el abuso.

> (...) el abuso sexual infantil puede tener implicaciones a largo plazo en relación al cuerpo y autorrepresentaciones de la víctima, esto debido a que el cuerpo puede funcionar como un memorial vivo del evento traumático (Taltmon, 2018), y debido a su naturaleza caótica, las experiencias impensables e indescriptibles del abuso a menudo no se codifican y procesan verbalmente, en

este caso, el cuerpo, que es el foco del abuso, se convierte en el espacio en el que se graban las impresiones del abuso. Como afirma Nasio (2007), el dolor queda grabado en el cuerpo y existe la sensación de que no se puede dominar, surgiendo después en un lugar diferente con significación igual, pero con una sensación/afecto diferente. Además, como los actos sexuales abusivos, por naturaleza, implican una invasión en la que las víctimas pierden el control sobre sus cuerpos, estas experiencias pueden afectar el reconocimiento de los sobrevivientes de los límites de sus cuerpos en relación con otros (Taltmon, 2018; Bradbury, 2016)[25].

No existían límites, mi cuerpo era una extensión de todo ese caos emocional que cargaba a cuestas. Lo peor de todo es que estaba sola, no había acompañamiento empático de mi familia, mucho menos asesoría profesional. Tenía que lidiar con todo aquello por mi cuenta, con los pocos recursos que conseguía y sin ningún tipo de modelo positivo a seguir.

El hambre era real, el olor a *crack* era verdadero, los tics nerviosos de mi madre eran agobiantes. Ese era el escenario.

---

25 Delgado Galindo, A. y Galvis Gil, I. (2019). *El cuerpo en el fenómeno del abuso sexual, significados y vivencias desde la psicología*. Universidad Santo Tomás, División de Ciencias de la Salud. Facultad de Psicología.

A los 15 años, perdí mi virginidad. Fui violada por un joven del caserío. Tengo en mi memoria grabada esa noche. El muchacho tocó mi ventana y yo le abrí, porque lo conocía y me parecía atractivo. Esa noche él estaba ebrio, no hubo romance, solo abusó de mí. Evidentemente, por mucho tiempo también me sentí responsable de ese acto, porque a fin de cuentas fui yo quien abrió la ventana. El dolor y la confusión de esa noche se transformaron en un grito silenciado por el miedo y la vergüenza. Perdí algo de mucho valor que no sabía que tenía.

Tanto así que, aún hoy en día, tengo que intervenir con mi voz de mujer adulta y decirme a mí misma: «Nadie, por nada del mundo, tiene derecho a hacerte daño. Ningún hombre puede ultrajar el cuerpo de una mujer bajo ningún pretexto». Porque fue tanto lo que naturalicé el maltrato y el abuso que todavía, por ráfagas de segundos, esas dudas vienen a mi mente. Así de irreversible es el trauma.

De aquella violación quedé embarazada. Fue mi primer aborto. Eso fue muy doloroso para mí; física y emocionalmente me dolió muchísimo.

Después de eso, comencé a ser activa sexualmente sin control. Me volví promiscua. Ahora que lo escribo, me pregunto: «¿Me volví o fueron las circunstancias?». Me arrastraron a un deseo carnal incomprensible —era como estar atraída por un río turbio donde solo hay corrientes fuertes y nada más. Como quien busca sin saber lo que quiere encontrar.

Como consecuencia de tantos desmandes, contraje VPH (virus de papiloma humano), la misma enfermedad que terminó cobrándose la vida de mi hermana. Pasé por un proceso quirúrgico llamado crioterapia para removerme las células cancerosas del cuello del útero. Esto fue posterior a ese primer aborto.

No tenía nada de información de lo que era la sexualidad, del respeto a la dignidad, del valor a la mujer. Era una persona sin ningún tipo de recursos para sobrellevar esa vida.

En ese desbarajuste, conocí al padre de mi hijo. Tenía 36 y yo, apenas, 16 añitos. Esta persona, mucho mayor que yo, estaba casado, tenía varias parejas, hijos, y yo no lo sabía. Fue solo después de su fallecimiento, hace algunos años, que me enteré de que había engendrado quince hijos con diferentes mujeres. Cuando este hombre llegó a mi vida, yo estaba sola en el caserío. Mi madre había viajado fuera del país con mi hermana menor. Quedé totalmente vulnerable, a merced de cualquier cosa. Para él fue la oportunidad de conquistarme. Un hombre bien vestido, perfumado y con dinero, y siempre acompañado de muchos mozalbetes[26], estaba en el negocio de las drogas.

---

26 Pistoleros, sicarios. «Te andan cazando el boster y los mozalbetes».

Eso me cautivó por completo. Claramente, mis necesidades básicas para sobrevivir superaban cualquier señal de advertencia que pudiera percibir. Estando juntos, un día me dejó en el carro con uno de mis amigos y fue con otros secuaces a dispararle a alguien. Después, regresaron al carro con las armas en la mano y, como si nada, seguimos. Yo estaba viviendo una vida insondable. En un mundo completamente lleno de drogadicción, delitos y dinero mal habido que, irónicamente, terminó ayudándome a pagar cosas para mi escuela.

Una circunstancia nada favorable, un pasaje directo al infierno sin derecho a salida, una prisionera de la situación sin derecho a indulto.

Pero no todo lo que percibía venía de malas manos. También lavaba carros y limpiaba casas para ganarme la vida, aunque mi madre me saboteaba hasta esos intentos de trabajar honestamente. Una vez me dijo: «Yo te acompaño a limpiar para ayudarte», y terminó robando en la casa en la que estábamos trabajando. Era como si la sombra de la desgracia, que la perseguía a ella, me arropara a mí permanentemente.

A pesar de todo, me gradué con excelencia. Tanto de sexto grado como de la escuela secundaria. Para mí, la escuela era un mundo aparte, donde mis sueños crecían y encontraba refugio en amistades genuinas. Cuando volví de Bayamón, estaba perdida, necesitaba dirección, y mi destino me trajo un ángel que me salvó. Mi mejor amiga se convirtió en mi apoyo más sólido, irradiando los valores de una familia fuerte. Desde el principio hasta el día de nuestra graduación, su ayuda constante fue mi guía, impulsándome en mis estudios y fortaleciendo mi mente y mi corazón. Era brillante, y su influencia dejó una marca profunda en mí.

Mi vida parecía dividirse en dos realidades completamente opuestas. Por una parte, estudios y retos académicos que me ilusionaban y, por la otra, una madre cada vez más consumida por el vicio. Relaciones tóxicas, atropello a mi cuerpo y a mi dignidad.

Sigo reflexionando sobre cómo logré superar todos esos desafíos. No tenía tiempo para dedicarme a mis estudios ni para vivir una adolescencia normal. Aun así, logré superar todas las pruebas que se me presentaron y salí adelante.

«No hay mal que dure cien años ni cuerpo que lo resista»

No importa la intensidad de la lluvia,
sino la paciencia que tengas tú para esperar que ella cese.
Porque ningún mal tiempo dura para siempre.

Desde mi infancia, ya sospechaba que tenía un tipo de liderazgo innato. No de la manera más ideal, pero la primera vez que lo confirmé fue al sacar a mi madre de los lugares peligrosos de tráfico de drogas en Puerto Rico. Era apenas una adolescente y me llamaban para buscarla. Como la hija a cargo, la única a la que, por alguna razón, ella le hacía caso, tuve que mostrarme fuerte y, a veces, alzar la voz para rescatarla de esa difícil situación, desempeñando un papel en el que todos dependían de mí. No solo estaba a cargo de mi madre, sino que también me tocó velar por mi hermana, enferma de cáncer. Me tocó estar a su lado mientras su cuerpo se consumió en seis rápidos meses, mientras los demás se frustraban por no comprender los efectos de su enfermedad, ni el olor que desprendía su cuerpo por su padecimiento ni la atención que requería. Dedicaba largos períodos de tiempo a masajear su pierna, terriblemente inflamada por la enfermedad, con la esperanza de aliviar su dolor. Me sentía responsable de poner un poco de orden en toda aquella locura. Todo ese proceso de la enfermedad de mi hermana fue agotador en todos los aspectos. Una muerte inevitable de una joven que apenas pudo soñar.

Apenas con 17 años, en medio del último año de secundaria y apenas unos días después de perder a mi querida hermana, me enteré de que estaba embarazada nuevamente. Esto me llenó de miedo y ansiedad, dado que ya había experimentado dos dolorosos abortos en el pasado y no deseaba volver a enfrentar esa situación.

Tristemente, cuando vives en un entorno marcado por la falta de información y recursos, el aborto se presenta como una opción más accesible y económica que la obtención de métodos anticonceptivos o la educación sexual. Sin embargo, esta vez, el padre de mi hijo me dijo: «ahora seremos tres», cosa que nunca pasó, pero me dio fuerzas para continuar con mi gestación.

Ya estaba en mi cuarto año. Mientras hacía mi práctica como secretaria para recibir mi título, mis dos mejores amigas consiguieron sus prácticas muy cerca de la escuela, pero a mí, por alguna razón, me tocó tomar las páginas amarillas y llamar a más de veinte lugares hasta que encontré una oportunidad en un bufete de abogados. Me tocaba subirme a la guagua (transporte público en Puerto Rico) todos los días. Muchas veces tenía que caminar. Llevaba a un bebé en mi vientre, zapatos rotos, poco amor y un camino largo y oscuro por delante. Pero había algo que nadie me podía quitar: la determinación.

Enfrentaba las miradas y comentarios de las personas al ver a una adolescente embarazada, incluso de gente cercana. Fue el último día que vi a mi padre con vida en el hospital. La entonces esposa de mi padre, que solía restringir el acceso a la nevera y controlar la cantidad de jabón que podía usar durante mis escasas visitas a su hogar, me miró con desprecio y me dijo: «Qué pena que te embarazaste, arruinaste tu futuro». Afortunadamente, esas palabras se las llevó el viento.

Lo cierto era que no tenía tiempo para pensar: estaba embarazada, en pleno duelo por la pérdida de mi hermana, con mi padre enfermo y mi madre haciendo de las suyas. A los tres meses siguientes de la muerte de mi hermana, falleció mi padre y otro duro hecho me golpeó.

Llegado el momento de matricularme en la universidad, mi vida era un rompecabezas al que se le habían extraviado unas cuantas piezas, era imposible de resolver. La consejera de la escuela me dijo que entrar a la Universidad de Puerto Rico tenía muchas exigencias, que ni me molestara en intentarlo.

En lugar de desalentarme, sus palabras me impulsaron. Fui a otro consejero, le comenté que yo sí podía con la universidad, que ese era mi sueño. Que no se fijara en mis condiciones de vida, que yo iba a poner lo mejor de mí para lograrlo. Resulta que en las dos universidades en las que apliqué, fui aceptada. Justo al mes de empezar las clases, nació mi hijo.

Con mi bebé a cuestas, nunca me di de baja de la universidad. Eso me enseñó que nada puede más que la determinación y la perseverancia. Era una joven, madre soltera porque el padre de mi hijo era un loco sin remedio, con una familia disfuncional y fuera de control. Mi vida era un verdadero desastre. Parecía estar condenada a perecer en medio de una lucha. No obstante, seguía dándole cabida a mi formación académica. Nada se opondría a que yo consiguiera recibir mi título.

¿Cómo acabé convirtiéndome en madre soltera? Un día, al regresar de la universidad, me dirigí a la casa del padre de mi hijo. Encontré a una mujer parada frente a su puerta, la cual me informó: «Hay otra chica dentro con él». Sorprendida, le pregunté: «¿Y quién eres tú?». La mujer respondió: «Soy su esposa». Mientras ella me hablaba, otra mujer llegó y comenzó a gritarle, exponiéndolo e insultándolo. Fue el final de esa mentira, una realidad que me negaba a ver y que explotó en mi rostro.

En ese momento, con un bebé de dos meses, quedé estupefacta, pensé: «¿y ahora qué hago?». Decidí mudarme, me fui a un lugar lejos del caserío, sola con mi hijo. Era bastante retirado, tenía que tomar siete guaguas diarias para llegar a la universidad. Cuatro de ida y tres de regreso. Mi hijo estuvo en diez lugares de cuidado diferentes, se enfermaba constantemente y no era bien atendido, así que tenía que conseguir una institución que le brindara mejor atención.

El padre de mi hijo me buscó en este nuevo lugar. Solo iba por sexo. Lamentablemente, yo amaba a ese hombre, representaba seguridad para mí. Nunca llevaba nada para cubrir las necesidades de su hijo, pero era lo que conocía como vínculo: una persona mayor que me protegiera.

Con el poco de amor propio que me quedaba, tuve que poner fin a esa relación. Desaparecí un año completo, no tuve ningún contacto para que no existiera la posibilidad de que volviera a buscarme.

Finalmente, nos volvimos a ver en un hospital, pero ya sin ningún tipo de relación sentimental. Mi pequeño hijo había sufrido un accidente y él apareció. Ese día pude decirle, frente a frente, que entre nosotros no era posible nada más, que le agradecía que me hubiese dicho: «Ahora somos tres» porque me había dado la oportunidad de que siguiera adelante con mi hijo, pero era todo.

Eso fue el inicio de un proceso de autodescubrimiento, de valoración hacia mí misma como persona, de reconocerme y aceptarme. La universidad fue la puerta de entrada para ese despertar. Alejarme de mis relaciones tóxicas fue el primer gran paso. La maternidad, mi salvación.

Y qué me dices de la madre
que anda triste por las calles
llevando un hijo en su vientre.
Todo el mundo da la espalda
Ella sufre inmensamente
por el hijo que vendrá
y cuál será su destino
y cómo por él va a luchar
Ocho años tiene el niño
esa es mi felicidad
por él lucho y me desvelo
yo quiero verlo triunfar
Ese niño es mi vida
es toda mi felicidad
con él río, gozo y lloro
y por él voy a luchar
Por eso futura madre
nunca vayas a flaquear
ten a tu hijo, y no temas
que Dios no te va a fallar[27].

____

27 Poema «Madre soltera» de Gladys Esther Rodríguez Villanueva. «La Aguadillana». 1936 – 2010.

Adolescencia interrumpida

*¿Cómo puedo curarme
cuando ni entiendo mi enfermedad?*

Susanna Kaysen

Aun cuando la maternidad fue un impulso para mí, no sucede igual para la mayoría de las jóvenes que se enfrentan a un embarazo precoz. Y considero que es parte de mi responsabilidad, como una sobreviviente, hablar de la importancia de prevenir el embarazo a temprana edad.

El embarazo en la adolescencia es un problema grave que afecta a millones de mujeres en todo el mundo, pero, sobre todo, en regiones pobres de África, Asia, Latinoamérica y Europa.

La Organización Mundial de la Salud (OMS) calcula que aproximadamente 17 millones de adolescentes dan a luz cada año. No es ninguna casualidad que el embarazo precoz sea la segunda causa de mortalidad en chicas de 15 a 19 años.

La situación puede deberse a varios factores, pero el contexto suele ser similar. Son jóvenes que viven en zonas pobres y que, por tradición o por cultura, no valoran alternativas al embarazo adolescente[28].

---

28 (2022). *Embarazo en la adolescencia: causas y riesgos.* Ayuda en Acción. Disponible en: https://ayudaenaccion.org/blog/mujer/embarazo-adolescencia/

El impacto mental y emocional que tiene el embarazo precoz en las adolescentes ha sido ampliamente estudiado por la ciencia. La Organización Panamericana de Salud (OPS) advierte que:

> Para las niñas las consecuencias son aterradoras porque un embarazo determina problemas mentales graves, interrumpe un plan de vida y contribuye a un ahondamiento de la víctima y de su familia en el círculo de la pobreza. Para la sociedad, estos embarazos se constituyen en un freno y obstáculo para el desarrollo socioeconómico del país[29].

Algunas consecuencias de un embarazo en plena adolescencia han sido ampliamente estudiadas, no hay ninguna duda de la necesidad de campañas de prevención, asesorías de instituciones y educación sexual gratuita y obligatoria, en especial en las zonas de más bajos recursos.

> Tanto a nivel psicológico como también social, las consecuencias del embarazo en la adolescencia pueden ser muy graves. Estas son algunas de las que nos encontramos de forma habitual:

---

29 Organización Panamericana de Salud. OPS. (2011). *Embarazos en adolescentes.* Disponible en: https://www.paho.org/es/noticias/9-3-2011-embarazos-adolescentes

• Abandono de los estudios: sobre todo dependiendo del contexto y el nivel socioeconómico de la familia.

• Abortos: tanto provocados como espontáneos, además de los riesgos de caer en el mercado negro en países donde esta práctica no está legalizada.

• Inestabilidad familiar: es frecuente que la relación entre los progenitores no dure mucho y que, al tratarse de adolescentes a cargo de hijos, se desarrolle un ambiente familiar inestable.

• Natalidad no controlada: en países en vías de desarrollo, implica tener un mayor número de hijos sin poner medidas de control que eviten esta situación.

• Problemas psicológicos: las madres adolescentes a menudo sienten miedo a ser rechazadas, ansiedad y estrés, así como también sufren problemas familiares, rechazo del bebé o desarrollan otros trastornos emocionales de gravedad.

• Dependencia: a menudo estas madres están en una situación de necesidad económica y afectiva que les vincula a relaciones familiares disfuncionales y perjudiciales[30].

---

30 (2022). *Embarazo en la adolescencia: causas y riesgos.* 2022. Ayuda en Acción. Disponible en: https://ayudaenaccion.org/blog/mujer/embarazo-adolescencia/

Los dos abortos dolorosos y desgarradores que experimenté antes de dar a luz a mi hijo mayor tuvieron un profundo impacto en mi bienestar físico y emocional. La inestabilidad familiar fue parte de mi vida por muchos años y la dependencia me mantenía aferrada a una relación sin futuro, llena de mentiras y abusos. Todas esas consecuencias son reales, y hay más. No podemos permitir que nuestras niñas sigan interrumpiendo sus vidas por falta de información, de recursos y de oportunidades. El mundo debe cambiar. Una niña no se toca. Abogo por un contexto más humanitario.

Ni hablar de la violencia obstétrica a la que es sometida una niña en una sala de maternidad pública. En mi caso, fue una experiencia catastrófica. Me tuvieron por horas en un espacio abierto, donde todo el que pasaba me veía, incluyendo la persona de limpieza con su mapo en la mano. Cuando llegó el momento de pujar me dijeron, ¡pásate!, refiriéndose a que me cambiara a la mesa de parto, me lanzaron un balde de agua fría con hielo en el área y me rajaron sin piedad. Tras dar a luz, me retuvieron en una habitación por más de doce horas. Estaba envuelta en una bata de papel, sin aire acondicionado y sin que me ofrecieran nada para comer. Al nacer mi hijo, nos separaron por dos días. Nunca lo pude amamantar y tener esa primera conexión con él. Y todo era porque se trataba de un hospital público en el desastre de una sociedad cada vez más indolente ante el sufrimiento ajeno.

No hubo la más mínima compasión. Fui tratada como una criminal cuyo delito había sido la credulidad y la pobreza. Estaba profundamente sola.

La fuerza del corazón

Señor, danos el milagro de cada día.
Que cuando nuestras piernas estén cansadas,
podamos caminar con la fuerza nuestro corazón.

PAULO COELHO

Si bien fue duro, ese mismo embarazo me brindó las fuerzas para salir adelante. Me trajo esperanzas, alguien a quien aferrarme para dar lo mejor de mí. Ya no estaba sola, alguien más me vería y comencé a pensar qué quería ser para esa personita. Su sonrisa me daba mucho ímpetu, y pensar que yo podía darle un mundo mejor al que yo tuve, era mi mayor inspiración.

El aprendizaje se moldea. No basta con que le digas a un niño que robar es malo o que las drogas son dañinas. Lo que determinará el camino que ese ser escoja es lo que ve de sus padres. Si yo digo una cosa con la boca y con mis actos hago lo contrario, ¿a dónde irá la atención del niño? Totalmente se fijará en lo que ve de sus padres.

Hay un poema del Andrés Eloy Blanco[31] que dice: «Cuando se tiene un hijo, / se tiene al hijo de la casa y al de la calle entera». Eso mismo experimenté cuando me hice madre por primera vez. Pensaba mucho en la niña que fui, en mis hermanas, en la inocencia que nos robaron los adultos a cargo.

Veía la mirada de cristal de mi bebé y no había nada que me interesara más que protegerlo a toda costa. Leí y me preparé para hacerlo diferente. Entendí que a los niños hay que cuidarlos y hablarles muchísimo, porque vienen sin ningún tipo de malicia ni defensas.

Me empeñé, además, en ser su modelo a seguir. En cada oportunidad que tenía, me sentaba a estudiar sin descanso. Cuando él dormía o estaba distraído, me metía de lleno en mis estudios. Siempre con dos mochilas la de él y la mía. Nunca mi hijo fue un impedimento para alcanzar mis sueños.

Él sufrió días amargos a mi lado. También él es una historia de superación personal y crecimiento, de la cual me siento muy orgullosa.

---

31 Poeta venezolano considerado una de las figuras más importantes de la poesía venezolana e hispanoamericana. Este poema se titula *Los hijos infinitos* y fue publicado en 1955, en su poemario *Giraluna*, editado por Yocoima, en México.

La infancia es sagrada

*Los niños somos el futuro, somos la luz de esperanza
para la humanidad, somos la fuerza del cambio.*

UNESCO

A ti, que ahora me lees, tengas o no niños a tu cargo, presta atención especial a la infancia. Si tienes la posibilidad de ser instrumento para la prevención del abuso infantil, hazlo. Nuestro desarrollo como humanidad depende en gran medida de esa generación.

> A los niños hay que enseñarles que sus cuerpos son suyos, y que tienen el derecho a decir «¡NO!» cuando se trata de quien los toca y a quien ellos tocan. Si los niños son tocados de manera que es confusa o atemorizante para ellos, necesitan decirle a alguien sobre el toque. Tienen que decir «NO», ESCAPAR, y CONTÁRSELO A UN ADULTO.
>
> La clave para una formación eficaz es la repetición y el ensayo activo. Los niños necesitan practicar diciendo no, alejándose y diciéndole a alguien[32].

---

32 Interface Children & Family Services. Mi cuerpo me pertenece a mí. Herramientas para padres y maestros sobre la seguridad personal de niños. Esta guía pertenece al programa *Mi cuerpo me pertenece a mí* que enseña a los niños sobre límites personales sin asustarlos.

No siempre se sale del foso oscuro en el que entras cuando eres abusado sexualmente en plena infancia. Es vital la prevención.

El abuso de menores por lo general no lo perpetran extraños, lo hacen personas del entorno familiar del niño. Por eso no hay forcejeo, lesiones evidentes ni marcas visibles. Todo pasa desapercibido a menos que el niño levante su voz, es su única arma, enseñémosle ese mecanismo de defensa.

En la guía de prevención *Mi cuerpo me pertenece a mí*, de Interface Children & Family Services, hay un hermoso ejercicio que quisiera compartir contigo antes de continuar con mi historia. La idea es que este libro sea más que una simple lectura y se convierta también en una herramienta de autoobservación, reflexión y crecimiento personal.

Así que te invito a que te tomes tu tiempo, respires profundamente antes de responder, y luego conserves en un lugar visible los resultados de esta pequeña introspección. En los momentos de debilidad y tristeza te será de gran soporte tenerlos presente.

Yo soy, yo tengo, yo puedo

¡Hay muchas cosas de ti que te hacen ser la persona tan especial que eres! (yo soy). ¡También hay muchas cosas que tienes (yo tengo) y muchas más que puedes hacer! (yo puedo).

Escribe todas estas cosas aquí:

Yo soy:

____

____

____

____

____

Yo tengo:

____

____

____

____

Yo puedo:

Aunque no conocía esta herramienta, sino hasta ahora que me tocó investigar para mi libro, lo cierto es que, de manera intuitiva, a lo largo de mi vida he puesto en práctica algo similar. Constantemente, me miro al espejo y me repito quien soy, lo que tengo conmigo y lo que está en mis manos hacer para alcanzar mis sueños.

Cierro este capítulo con poesía, porque quiero que sepas que no todo está perdido. Si algo me salvó del dolor y la desesperanza fueron los libros. La palabra siempre fue mi manera de escapar y, a pesar de todo, sigo creyendo en los poderes creadores de la humanidad y en el poder de la palabra.

Los hijos infinitos[33]

Cuando se tiene un hijo,
se tiene al hijo de la casa y al de la calle entera,
se tiene al que cabalga en el cuadril de la mendiga
y al del coche que empuja la institutriz inglesa
y al niño gringo que carga la criolla
y al niño blanco que carga la negra
y al niño indio que carga la india
y al niño negro que carga la tierra.

Cuando se tiene un hijo, se tienen tantos niños
que la calle se llena
y la plaza y el puente
y el mercado y la iglesia
y es nuestro cualquier niño cuando cruza la calle
y el coche lo atropella
y cuando se asoma al balcón
y cuando se arrima a la alberca;
y cuando un niño grita, no sabemos
si lo nuestro es el grito o es el niño,
y si le sangran y se queja,
por el momento no sabríamos
si el ¡ay! es suyo o si la sangre es nuestra.

---

33 Blanco, A.E. (1955). *Giraluna*. Editorial Yocoima: México.

Cuando se tiene un hijo, es nuestro el niño
que acompaña a la ciega
y las Meninas y la misma enana
y el Príncipe de Francia y su Princesa
y el que tiene San Antonio en los brazos
y el que tiene la Coromoto en las piernas.
Cuando se tiene un hijo, toda risa nos cala,
todo llanto nos crispa, venga de donde venga.
Cuando se tiene un hijo, se tiene el mundo adentro
y el corazón afuera.
Y cuando se tienen dos hijos
se tienen todos los hijos de la tierra,
los millones de hijos con que las tierras lloran,
con que las madres ríen, con que los mundos sueñan,
los que Paul Fort quería con las manos unidas
para que el mundo fuera la canción de una rueda,
los que el Hombre de Estado, que tiene un lindo niño,
quiere con Dios adentro y las tripas afuera,
los que escaparon de Herodes para caer en Hiroshima
entreabiertos los ojos, como los niños de la guerra,
porque basta para que salga toda la luz de un niño
una rendija china o una mirada japonesa.

Cuando se tienen dos hijos
se tiene todo el miedo del planeta,
todo el miedo a los hombres luminosos
que quieren asesinar la luz y arriar las velas
y ensangrentar las pelotas de goma
y zambullir en llanto ferrocarriles de cuerda.
Cuando se tienen dos hijos
se tiene la alegría y el ¡ay! del mundo en dos cabezas,
toda la angustia y toda la esperanza,
la luz y el llanto, a ver cuál es el que nos llega,
si el modo de llorar del universo
el modo de alumbrar de las estrellas.

ANDRÉS ELOY BLANCO

La luz del conocimiento

He narrado la parte más oscura de mi vida con el corazón en la mano, sin filtros, sin romanticismo. Eso pasó y no hay marcha atrás. Sin embargo, de manera paralela, en esta historia también se vislumbran destellos de esperanza. Es momento de encender esas luces y llevarte unos cuantos escalones más arriba, en esta escalera de superación que es el testimonio de vida.

La escuela y la universidad fueron ese salvavidas que me mantuvieron a flote en todo momento. Desde muy pequeña siempre estuve muy ávida por aprender, todo lo quería leer. Cuando ese milagro llegó a mi vida, solía escapar de todo tipo de cosas a través de la lectura: anuncios, letreros, guías telefónicas, manuales, libros escolares e historias.

Descubrí de forma muy intuitiva que esa era la verdadera salida hacia una vida mejor. Nadie nunca me lo dijo, tampoco tuve modelos que me lo mostraran. ¿Lo traía internalizado en el alma quizá?

Ya te he contado que casi perdí un año escolar, otros los cursé con intermitencia, debido a los eventos que me sucedieron. La universidad la hice con un bebé en brazos. Pero nada parecía detenerme en mi propósito de seguir superando niveles. Se me daba muy bien, ahora lo sé, porque por encima de las lagunas, que naturalmente tenía, aprobaba los exámenes, incluso con honores.

En aquel entonces, año 1999, para ingresar a la Universidad de Puerto Rico debía tener un *College Board*[34] con excelente rendimiento, un promedio de 3 puntos o superior, más la presentación de un ensayo. Realmente, era difícil ingresar porque atendían a la excelencia. Aun así, garanticé mi lugar en esta prestigiosa casa de estudio.

Una de la fundadoras de la Universidad de Puerto Rico que siempre admiré fue Ana Roqué de Duprey[35]. ¡Qué mayor motivo de inspiración que estudiar en un recinto universitario donde una de sus fundadoras era una mujer que creía en el poder de los estudios, especialmente, para las mujeres! Por eso, dedico estas palabras para rendir homenaje a esta incansable luchadora, cuya historia sigue siendo una fuente inagotable de inspiración.

---

34 El *College Board* es una organización sin fines de lucro que ayuda a los estudiantes a conectar con el éxito en la universidad. Más de siete millones de estudiantes se benefician al ser preparados para una transición exitosa a la vida universitaria a través de programas, servicios de admisión, orientación o ayuda financiera.

35 «Ana Roqué de Duprey nació en Aguadilla, Puerto Rico el 18 de abril de 1853. Fue una prolífica educadora, escritora, líder sufragista y científica. Fundadora de la primera organización de sufragio femenino la "Liga Feminista Puertorriqueña" de Puerto Rico en 1917. Conocida como "Flor del Valle" por su trabajo en botánica, se esforzó por promover las oportunidades educativas y derechos políticos para las mujeres de Puerto Rico». CNDH México. (s.f.). Comisión Nacional de los Derechos Humanos - México. Recuperado el 30 de enero de 2024, de www.cndh.org.mx.

Ana Roqué Geigel nació el 18 de abril de 1853 en Aguadilla, Puerto Rico. Su madre, una maestra, le enseñó a escribir a los tres años. La madre de Roqué murió pronto, pero su padre, su tía y su abuela, que también eran educadores, siguieron fomentando su amor por el aprendizaje. Su padre la inscribió en una escuela privada a los siete años, donde Roqué estudió a un ritmo dos veces superior al de sus compañeros y se graduó a los nueve años. Roqué estudió luego en casa, concentrándose en las ciencias: estudió botánica, zoología, astronomía, geología y meteorología. A los 11 años, se convirtió en asistente de maestra y a los 13 abrió su propia escuela desde casa. Ella escribió el libro de texto de geografía que utilizaba para enseñar y que se convirtió en un texto de referencia para las escuelas locales[36].

Creo que todo aquello que nos determine a salir adelante, que nos conmueva y nos haga ver todo el potencial que podemos desarrollar es digno de ser reconocido. A veces una simple flor en medio del pantano es suficiente para hacer brillar la esperanza.

Las puertas que esta insigne mujer dejó abiertas fueron la entrada a una nueva vida para mí y para muchos

---

36 National Women's History Museum. (s.f.). Ana Roque de Duprey. Recuperado el 30 de enero de 2024, de https://www.womenshistory.org/education-resources/biographies/ana-roque-de-duprey

otros personajes notables y próceres de nuestra historia puertorriqueña.

En el sitio web de la universidad, podemos leer una síntesis de lo que representa para la comunidad y, muy especialmente, para mí:

> La Universidad de Puerto Rico es reconocida a nivel mundial por su excelencia educativa y productividad científica. Es, además, motor de desarrollo socioeconómico de Puerto Rico mediante la formación de emprendedores y la construcción del ecosistema de innovación y emprendimiento de mayor impacto en la isla y la región del Caribe[37].

Yo veía este campus como algo colosal. Los profesores, líderes espirituales y mentores eran como árboles serenos que entregaban sus frutos a todos nosotros. Los docentes son la fuente de conocimiento e inspiración para los estudiantes, a partir de su experiencia brindan herramientas para prosperar y alcanzar grandes metas. De hecho, la universidad es realmente hermosa. Inmediatamente, al entrar allí me sentí importante. Para mí, era un sueño inalcanzable, pero tan vital que no me puse límites y lo materialicé. Lo miré, me enfoqué y en-

---

37 Universidad de Puerto Rico. (s.f.). Recuperado el 30 de enero de 2024, de https://www.upr.edu/.

tré a formar parte de ese lugar lleno de éxitos e historias extraordinarias.

Ingresé con dos corazones latiendo a toda marcha, el mío por la emoción de estar entre los grandes y el de mi bebé, luchando por su vida y llenándome de ella.

En mi primer día de clases recuerdo que me senté mirando hacia la ventana. En el área de estudios generales, me envolvía una atmósfera de respeto y tranquilidad, me brindaba una sensación de paz que transformaba mi respiración y me transportaba a otro plano, conectaba con una versión de mí misma que emanaba serenidad.

Tenía 18 años, un bebé en camino, dos duelos a cuestas sin procesar y huyendo lejos de un ambiente tóxico para mí y para mi hijo. Poseía todos los boletos para entrar a una crisis sin salida, pero no estaba dispuesta a utilizarlos.

En los momentos de crisis, solo la imaginación es más importante que el conocimiento.

ALBERT EINSTEIN

Durante los siguientes diez años, me mudé más de diez veces. Siempre buscando algo mejor, como si necesitara llegar a la cima y no hubiese otra forma de hacerlo que de escalón en escalón. Mi niño también subió conmigo, con sus altos y bajos. Lamentablemente, tenía que dejarlo en lugares de cuidado y, muchas veces, con mi madre para lograr brindarnos un futuro mejor.

Esto tuvo repercusiones. Los cambios abruptos de ambiente, la inestabilidad y los imprevistos contribuyeron a incrementar su condición de trastorno de hiperactividad (TDAH). Pero fue un gran sacrificio que nos permitió salir definitivamente de un ambiente hostil.

Hoy, he sido bendecida por la vida, mi hijo goza de buena de salud, se ha destacado como deportista y, sobre todo, ha florecido como una persona de noble carácter. Juntos, hemos recorrido un camino de sanación, restaurando los lazos quebrantados y avanzando con esperanza hacia el futuro.

En aquel momento, aún joven y sin la perspectiva completa del panorama, me faltaba la madurez para comprender todas las implicaciones y posibilidades. Es importante recordar que la región prefrontal del cerebro, encargada del razonamiento lógico y el análisis, no alcanza su pleno desarrollo hasta los 24 o 25 años de edad. Por lo tanto, simplemente hacía lo mejor que podía con la información y la capacidad que tenía en ese momento.

Tomé la decisión de tener a mi hijo y, por ende, era mi responsabilidad. Eso era lo único claro para mí: lo amaba y asumía la responsabilidad de romper el ciclo de desamor y ausencia.

> Cuando tomamos conciencia de que estamos hechos de ciertos programas, comenzamos a ver las cosas desde otra perspectiva y damos espacio a una nueva realidad. Cuando tomo conciencia de la razón a cierta conducta o síntoma, y reconozco que todos estos tienen que ver con mis programas, comienzo a asumir mi vida, y dejo de echarle la culpa a los demás, y hasta tus mismos ancestros te lo agradecen. El ancestro está esperando que el heredero universal tome conciencia. Liberas a tus ancestros, a tus descendientes y a ti mismo. Recordemos que es muy diferente tomar conciencia de algo, a simplemente tener el conocimiento[38].

Ciertamente, me llevó tiempo tomar conciencia de mi rol como un eslabón capaz de romper la cadena. Siempre fui la oveja negra, la que marchaba en una dirección dis-

---

38 Encizo, M. (s.f.). *Lealtades familiares*. Recuperado el 30 de enero de 2024, de www.evolucionartecoach.com/lealtades-familiares/.

tinta al rebaño. No tenía idea de que eso en lugar de ser negativo era la posibilidad de liberar a todos mis ancestros y, por supuesto, a mi descendencia. ¡Vaya responsabilidad!

Me niego a creer en las casualidades. Para mí solo existe la causalidad, todo pasa por algo y basta hacer la pregunta correcta: «¿Para qué me sucede esto o aquello?». Muchas veces, en el momento, no podemos encontrar las respuestas, sin embargo, debemos tener fe en que se revelarán llegada la hora.

En mi vida, muchas cosas fallaban, pero otras se engranaban casi que de manera perfecta para que no perdiera mi rumbo. Gracias también a los ángeles que Dios me asignó, siempre se manifiestan en mi camino, de una forma u otra. Desde pequeña he tenido esa gracia y ha sido parte del milagro de mi vida.

A pie y con una mochila enorme

En mi segunda mudanza, adquirí una bicicleta y le instalé un asiento en la parte trasera para llevar a mi hijo al cuidado infantil, antes de dirigirme en ella a la parada de autobús para ir a la universidad. En ese momento, no disponía de ningún otro medio de transporte propio, ni siquiera lo consideraba como una opción.

A los quince años, una experiencia traumática al intentar mover el automóvil de mi madre me dejó profundamente marcada. En una noche como cualquier otra, ella no estaba en condiciones de conducir y me pidió que lo hiciera yo, a pesar de no tener experiencia alguna al volante. El resultado fue un trágico accidente en el que atropellé accidentalmente a una amiga, causándole graves heridas que casi le cuesta una pierna. Este suceso no solo me afectó emocionalmente, sino que también resultó en una golpiza por parte de mi madre. Desde entonces, el simple pensamiento de estar al volante me llenaba de temor.

Afortunadamente, con el tiempo, pude dejarlo atrás. Recuerdo la sensación al conducir mi primer automóvil desde el concesionario, después de haber llegado en transporte público. Pero cuando más lo necesitaba, no podía permitírmelo ni siquiera intentarlo.

«No hay mal que por bien no venga», dice un viejo refrán. Me tocaba tomar transporte público y llegar muy temprano a la universidad, eso me daba tiempo de explorar y buscar oportunidades. Una de esas fue conseguir trabajo allí mismo, al principio como estudiante apoyando en la Oficina de Asuntos al Veterano.

Tuve suerte de que esos faros luminosos se encendieran para mostrarme que estaba en el camino correcto. Trabajar en la misma universidad me permitió mantenerme enfocada. Trabajaba tres días y estudiaba todo el día los otros dos días.

Años después, comencé a trabajar en la Universidad de Puerto Rico, siendo asignada al área de Ciencias Sociales en una sala de lecturas. Fue allí donde descubrí mi pasión por los libros y las bibliotecas, viéndolas como espacios mágicos donde los encuentros son infinitos y la información se convierte en un tesoro invaluable.

En mis inicios, me desempeñé como asistente en la biblioteca, coincidiendo casualmente con mis estudios en Ciencias Sociales. Esta experiencia marcó mi camino profesional, llevándome a ser nombrada bibliotecaria a cargo. Durante este tiempo, adquirí conocimientos valiosos y realicé importantes contribuciones: organicé el material, sistematicé recursos previamente inaccesibles, implementé la digitalización de parte de la colección y tuve el honor de crear la primera plataforma digital de la biblioteca.

Fue una experiencia enriquecedora en todos los aspectos. Me sumergí con pasión en este trabajo, llegando incluso a memorizar cada detalle de la reserva y a sumergirme en ese vasto océano de información. Pronto comprendí que mi verdadera vocación era guiar a otros, no solo en la búsqueda de lo que necesitaban de forma tangible, sino también en un sentido más profundo y metafórico.

Como dijo George Washington: «La educación es la llave para la puerta dorada de la libertad». Lo descubrí directamente en la universidad, la educación fue la clave para salvar mi vida y ser realmente un alma libre, dispuesta al servicio de mi prójimo.

La Universidad de Puerto Rico no solo fue un refugio, también fue el espacio que me dio estructura, propósito y guía. Tuve muchas oportunidades para rendirme. Aun así, perseveré y logré obtener el éxito como estudiante y como empleada. Obtuve el respeto de los profesores y de los estudiantes, y se creó toda una comunidad en torno a la documentación académica, la cual tuve el honor de liderar.

Cuando me tocó despedirme de ese espacio, fue como si desprendieras un árbol de sus raíces en plena primavera.

Sucedió a la fuerza, en el año 2010. Producto de una grave crisis fiscal, hubo una reducción masiva de personal y, lamentablemente, quedé fuera. Mi despedida fue un adiós silencioso, pero mi corazón estaba lleno de emociones encontradas. Tenía tanta empatía y buenas relaciones que no quería más drama en aquella despedida e intensificar el dolor de la partida. La biblioteca estuvo cerrada por años luego de mi partida.

El cambio forma parte de la vida, así como también la adversidad y debemos aprender a gestionar ambas para llegar a verlas como retos y oportunidades para crecer tanto a nivel personal como a nivel profesional. La manera en que percibimos una situación —problema versus reto, adversidad versus oportunidad— determinará nuestra probabilidad de éxito, pues condicionará nuestra forma de actuar ante la misma.

En la actualidad existen debates abiertos sobre cuál debe ser el perfil profesional del bibliotecario, sobre qué es y qué no es una biblioteca, sobre cuál es nuestra esencia o sobre cuál es el camino que debemos tomar. Y no puedo evitar pensar que, como dice W. Timothy Gallwey en su libro *El juego interior del tenis*:

«Muchas veces somos nuestro peor enemigo. No es el adversario externo el que nos derrota sino nuestras propias dudas, nuestro propio miedo...»[39].

La pérdida repentina de todo lo que había construido fue devastadora. De ser la responsable de la biblioteca, de compartir conocimiento y liderar una comunidad estudiantil, pasé a encontrarme sin nada, enfrentaba una vez más el desafío de comenzar desde cero. Aunque mi punto de partida no era el mismo; definitivamente, yo no era la misma persona. Había progresado en mi carrera profesional, me había convertido en una figura de apoyo para los estudiantes y había desempeñado un papel esencial en sus vidas. Aunque perdí mi trabajo, el conocimiento y la experiencia adquiridos permanecían conmigo. Esa certeza me ayudó a superar la sensación de derrota.

---

39 Martínez, N. (2017). *¿Están las bibliotecas condenadas a desaparecer?* Recuperado el 30 de enero de 2024, de www.biblogtecarios.es.

Con la Ley Especial Número 7[40] el Gobierno despidió a treinta mil empleados públicos y, además, redujo drásticamente el presupuesto de la universidad. Muchas de las actividades académicas se vieron afectadas, incluyendo las actividades de investigación y desarrollo.

El país estaba bajo una crisis económica, había protestas masivas en las calles. La falta de recursos, empleos y oportunidades era evidente. A raíz de esto, no me quedó otra opción sino emigrar a Estados Unidos.

Una característica destacada de esta universidad, que considero como un valioso activo en mi trayectoria, es su reconocimiento y acreditación internacional, especialmente en Estados Unidos, donde sus títulos son validados debido a la conexión territorial.

---

40   La Ley número 7, implementada en enero de 2009 durante la administración del gobernador Luis Fortuño Burset, buscaba reducir el tamaño del gobierno para impulsar la prosperidad económica y social en Puerto Rico. Sin embargo, las proyecciones esperadas de crecimiento económico no se cumplieron. Se esperaba que la ley y otras medidas llevaran el crecimiento real de la economía a +2.0 % en 2010, pero en realidad cayó a -3.8 %. Esto reflejó una discrepancia significativa entre las expectativas y la realidad. La Ley #7 fue parte de una estrategia alineada con la visión del Sueño Americano del Partido Republicano, que consideraba que el tamaño del gobierno y las políticas antiempresariales eran obstáculos para el crecimiento económico. Sin embargo, la implementación de estas medidas no logró los resultados esperados, lo que indicó una falta de efectividad en la estrategia gubernamental. https://nebula.wsimg.com/a50a6a57d8231b9e3b7828c44a529e43?AccessKeyId=7C-4B2839520F451601FE&disposition=0&alloworigin=1

Cuando todo esto sucedió, ya había aprobado mi examen comprensivo de la maestría, y estaba a punto de comenzar el proyecto de investigación de grado. El profesor, al observar que había completado mi carga académica, me permitió completar la tesis a distancia.

Pero esto es material del siguiente capítulo. Por ahora, quédate conmigo recogiendo mis cosas de una oficina que me cobijó casi una década, que me brindó grandes momentos y que ahora, se siente extraña y distante, como si estuviera observando su hermosa torre desde la lejanía de la azotea del caserío una vez más.

La vida y el sueño de muchos

La educación superior, venir a la universidad es el sueño de muchos y se convierte en la vida toda de tantos más. Dicen que educarse es el acto de rebeldía más grande que pueda tener un ser humano, le otorga libertad y dirección propia. Desde lo alto, se podía mirar radiográficamente ese lugar rodeado de historias, de cuentos, de logros, de triunfos, de tristezas, de alegrías, de amores y desamores. El lugar que todos admiran y sueñan con alcanzar alguna vez en sus vidas. Todos y todas, caminantes e inertes saben el valor de nuestra Universidad, el valor y el orgullo que nos da esa majestuosa torre.

Cada uno de nosotros vivió su propia experiencia, cada uno desde su individualidad se llevó algo y dejo aún más. No sabemos si eran los nervios o la emoción de estar allí, pero definitivamente sin dejar de mirar atrás no podemos ver hacia el frente de la misma manera. Así llegó la brisa, el sol, el ruido y todo volvió...a sonar[41].

Beneficios de la educación superior para el desarrollo cognitivo y emocional

Importantes autores y estudios han dado cuenta de lo significativo que resulta la educación superior, tanto para los individuos, como para la sociedad en sí misma y la economía de cualquier nación. El Departamento de Innovación y Capacidades Empresariales del Reino Unido publicó en el año 2013 un documento acerca de los «Beneficios de participar en la educación superior: hallazgos clave e informes cuadrantes».

En este interesante trabajo se reúnen los resultados de cuatro cuadrantes beneficiados con la educación: benefi-

---

41 García Baello, Melva Y. (2016). La Torre UPR: el faro de Puerto Rico. Artículo disponible en: https://www.uprrp.edu/2016/04/la-torre-upr-el-faro-de-puerto-rico/

cios generales (no económicos) para el individuo, beneficios generales (no económicos) para la sociedad, beneficios económicos para el individuo y beneficios económicos para la sociedad. A continuación, un breve resumen de ellos:

Beneficios generales para la sociedad

Mayor cohesión social, confianza y tolerancia: la reducción de la brecha entre niveles altos y bajos de resultados educativos tiene beneficios significativos para la cohesión social. Así, en general, los individuos con mayor nivel educativo tienen mayor confianza y son más tolerantes hacia los inmigrantes que los que tienen menor nivel educativo, con consecuencias en la sociedad en general. Además, suelen mantener una visión más positiva sobre los inmigrantes que los que tienen menor nivel educativo. Por último, las universidades ayudan a construir un entorno regional abierto a nuevas ideas y a la diversidad.

Menos delitos: la reducción en el número de delitos supone un beneficio económico y social importante, al mejorar el bienestar y la calidad de vida de forma general. Las evidencias muestran que la mejora de los niveles educativos supone una reducción en el número de delitos, aunque de forma limitada con la educación superior si la comparamos con la secundaria.

Estabilidad política: de acuerdo con los estudios analizados, los graduados votan y participan en mayor medida en debates públicos y supone un antídoto importante frente al cinismo político. Además, la educación superior es uno de los determinantes más importantes para la democratización dentro de los países de la OCDE.

Mayor movilidad social: existen evidencias de que incrementar de forma general los niveles de educación no necesariamente conduce a incrementar los niveles de movilidad social de forma general. Así se ha argumentado que el mecanismo a través del cual la educación influye en la movilidad social es confiriendo ventajas a un individuo tomando como referencia su nivel de cualificación con respecto a otros, de modo que la igualdad en el acceso a la educación y la reducción de la brecha en el logro de resultados es importante a la hora de incrementar la movilidad social. Además, influyen otros factores, por ejemplo, si una madre tiene una titulación de grado, la probabilidad de que sus hijos obtengan también un grado es del 67 % frente a otras sin educación universitaria (12 %).

Mayor capital social: los individuos con mayor nivel educativo interaccionan más en redes sociales y tienen, de forma general, mayor participación en ONG y organizaciones locales, a la vez que suponen un modelo para los jóvenes, contribuyendo a una mayor seguridad en las calles y a generar una comunidad más diversa.

Beneficios generales para el individuo: que, como bien indica el documento, también podrían o pueden tener un impacto en toda la sociedad.

Mayores niveles de confianza y tolerancia: de modo que los graduados, en su conjunto, tienen una mayor tolerancia hacia otras razas y esta persiste en el tiempo; además, según un estudio de la OCDE, los mayores niveles de educación afectan positivamente a diferentes dimensiones de los ciudadanos, entre ellas la actitud hacia la inmigración.

Influencia positiva en el cuidado de los hijos, suponiendo un modelo que estimula a los hijos desde un punto de vista educativo.

Mayor esperanza de vida: por ejemplo, según un estudio de la OCDE, los graduados tienen una esperanza de vida 8 años mayor que otras personas con menor nivel educativo.

Además, recoge otros beneficios como **menor probabilidades de cometer delitos, mayor probabilidad de votar, mayor implicación cívica y en programas de voluntariado, menor probabilidad de beber de forma excesiva, menor probabilidad de fumar, menor probabilidad de ser**

obeso, participación en programas preventivos (salud), mejor salud física y mental y mayor satisfacción en su vida.

Beneficios económicos (*market benefits*)

Para la sociedad:

Mayor crecimiento económico: el documento indica que en torno a un 20 % del crecimiento económico en el Reino Unido entre 1982 y 2005 tiene una relación directa con el incremento de graduados y sus competencias. Además, al menos un tercio del incremento en la productividad laboral del Reino Unido entre 1994 y 2005 se puede atribuir al incremento en el número de personas con un grado universitario.

Mayor productividad laboral: la productividad de la fuerza laboral es mayor cuando los trabajadores tienen un grado; además la productividad en las empresas se estima un 30 % superior si todos los trabajadores tienen un grado que si no lo tienen.

Además de otras, como mayor innovación y flexibilidad en el mercado de trabajo, mayores ingresos por impuestos o la reducción en los gastos públicos asociados a una mayor coordinación con otras áreas relacionadas con las políticas sociales como salud y prevención de delitos:

Para el individuo:

El documento recoge como principales beneficios **sueldos mayores de los graduados, mayor
protección frente al desempleo (las tasas de
desempleo son más bajas entre graduados),
mayor empleabilidad y desarrollo de competencias y mayor actividad emprendedora y
productividad**[42].

Indudablemente, el inicio y la culminación exitosa
de mis estudios universitarios fueron momentos de gran
trascendencia en mi vida. Han dejado una huella imborrable, marcando un punto de inflexión que ha dado origen a estas entrañables memorias.

Es probable que, de no obsesionarme con mi carrera y
mis estudios, mi destino y el de mi hijo hubiesen sido totalmente distinto. Probablemente habríamos pasado a engro-
sar las estadísticas de víctimas en algún residencial o se-
guiríamos un legado de autodestrucción y abuso sin salida.

La certeza de haber labrado mi propio futuro y el de mi
familia a pulso, con mis estudios, de manera perseverante
me condujo a mi propósito de vida: mostrarles a otros lo

---

42 Gómez, T. (2013). *Beneficios de la educación superior para el individuo y la sociedad: perspectiva económica y no económica.* Título original: *Things we know and don't
know about the wider benefit s of higher education: a review of the recent literature* (*BIS
Research Paper* 133, 2013). *Benefits of participating in higher education: key findings and
reports quadrants.*

que pueden lograr si abren sus mentes y sus corazones al aprendizaje, al arte, a la poesía, a la vida.

Es la razón que me impulsó a escribir, a abrir viejas heridas y a mostrar mis cicatrices sin temor a ser juzgada nuevamente. Si yo lo logré con todas las condiciones en contra, con cero probabilidades de éxito, tú y otras tantas miles de personas también pueden hacerlo. Mi voz, mi experiencia y mi testimonio pueden ser ese faro, en medio de la tormenta, que te oriente a seguir luchando por la calma y la paz verdadera.

Creo en el poder transformador del aprendizaje permanente. Soy prueba de ello. Podemos reescribir nuestra historia, podemos salvar vidas, podemos sacar a todo un país adelante si invertimos en la educación. Estoy totalmente segura de ello y dedico mi vida a demostrarlo.

La educación, formal y no formal, ayuda a mejorar la capacidad de análisis, modifica la estructura mental y cognitiva de las personas, le permite una mejor actitud frente a la resolución de problemas, fomenta el pensamiento crítico, reduce el tiempo de ocio y, por tanto, nos aleja de los vicios.

Las naciones marchan hacia su grandeza
al mismo paso que avanza su educación.
Por la ignorancia nos han dominado más que por la fuerza.
La educación es el fundamento verdadero de la felicidad.
Siempre verás al ignorante y necio darse humos
de talentoso y vivo.

SIMÓN BOLÍVAR

Es necesario crear esa sed por el aprendizaje, sembrar la semilla en las nuevas generaciones para que sean buscadores permanentes, que nada lo den por sentado, sino que puedan ver más allá de los recursos disponibles.

Fomentamos la empatía, la compasión y la tolerancia cuando leemos, analizamos y comprendemos. Creo firmemente que la educación promueve el desarrollo de las habilidades sociales y te hace mejor persona en todas las áreas de tu vida.

Es un puente hacia el triunfo y es tu decisión si lo cruzas o no. Eso sí, ten en cuenta que no es un puente fijo y estático, sino que tiene sus dificultades. Puede ser movedizo, presentar obstáculos, huecos y baches, pero tu tesoro estará esperándote al otro lado: la libertad.

Una página de un libro puede salvarnos para siempre de la oscuridad

Hay quienes no pueden imaginar un mundo sin pájaros, hay quienes no pueden imaginar un mundo sin agua; en lo que a mí se refiere, soy incapaz de imaginar un mundo sin libros.

JORGE LUIS BORGES

En las páginas de innumerables libros que devoré con avidez, encontré mi salvación, mi recordatorio de que podía forjar un destino distinto, mi refugio y, finalmente, mi curación. Cada libro era delicioso postre para mi alma hambrienta, nutriéndola con la esperanza y el consuelo que tanto necesitaba. Cada página era un refugio donde podía perderme y encontrar consuelo, inspiración y sabiduría.

Sabía que ese era mi lugar seguro. Quería convertirme en una traficante, pero del conocimiento. Mi sueño era difundir saberes, propagarlos a la misma velocidad como se propaga un vicio. En el fondo, quería colarme en medio de lo malo con un mensaje positivo y que, en lugar de cigarrillos, un niño en una barriada pudiera acceder primero a un libro.

En mí había un propósito: contagiar a otras personas el placer por aprender, por superar su contexto desfavorable a través de una buena lectura, a ver más allá de lo inmediato y abrir múltiples ventanas al conocimiento.

Yo sentía que me salían unas alas enormes cada vez que tenía la oportunidad de leer un buen libro. Y deseaba regalar ese placer de volar, por encima del lodo, a tantas otras personas que lo necesitaban.

Promover la lectura, el estudio y la práctica constante de aprender es uno de mis principales propósitos. Lo supe haciendo mi trabajo de bibliotecaria y, más adelante, como voluntaria de un programa de alfabetización digital para adultos mayores que emprendió la universidad.

«No se queje, sino se aqueja» y «no te preocupes, ocúpate» eran mis frases más icónicas y por las cuales los estudiantes me reconocían.

Gracias, gracias, gracias. La ciencia de la gratitud

La gratitud no es solo la más grande de las virtudes sino la madre de todas las demás.

CICERÓN

Las personas que aprendemos a agradecer en la desgracia somos más felices. No lo digo yo, lo dice la ciencia. Se ha comprobado que la sensación de gratitud reduce la actividad de la amígdala que, cuando está muy activa, nos causa lo contrario: dolor, tensión e irritación.

Sin tener esta información, siempre he practicado el agradecimiento. Agradezco cada cosa que me pasa, lo bueno y lo malo. He aprendido a mirar lo «malo» con los ojos de una eterna aprendiz y, por esa razón, lo agradezco cuando llega.

La Biblia nos recuerda que debemos «orar sin cesar» y «dar gracias en todo» (1 Tesalonicenses 5:17-18). Estas dos actividades van juntas porque reconocemos que «toda buena dádiva y todo don perfecto proviene de lo alto» (Santiago 1:17). No tenemos nada que no hayamos recibido por la gracia divina. Así que, debemos intencionalmente reconocer todo lo bueno que tenemos y darle gracias a Dios por ello. Las palabras gracia y gracias van siempre unidas y juntas nos ayudan a cambiar nuestra perspectiva de todo lo que sucede a nuestro alrededor. Una persona agradecida no es aquella que ingenuamente llama bueno a lo malo sino aquella que rescata lo bueno sobre todo lo demás.

El gran escritor ruso León Tolstoi (1828-1910) escribió un excelente cuento llamado *El zar y la camisa*. Tolstoi era cristiano y en esta historia nos demuestra lo importante del agradecimiento a pesar de nuestras circunstancias:

Un zar, hallándose enfermo, dijo:

—¡Daré la mitad de mi reino a quien me cure!

Entonces todos los sabios se reunieron y celebraron una junta para curar al zar, mas no encontraron medio alguno.

Uno de ellos, sin embargo, declaró que era posible curar al zar.

—Si sobre la tierra se encuentra un hombre feliz —dijo—, quítesele la camisa y que se la ponga el zar, con lo que este será curado.

El zar hizo buscar en su reino a un hombre feliz. Los enviados del soberano se esparcieron por todo el reino, mas no pudieron descubrir a un hombre feliz. No encontraron un hombre contento con su suerte.

El uno era rico, pero estaba enfermo; el otro gozaba de salud, pero era pobre; aquel, rico y sano, quejábase de su mujer; este de sus hijos; todos deseaban algo.

Cierta noche, muy tarde, el hijo del zar, al pasar frente a una pobre choza, oyó que alguien exclamaba:

—Gracias a Dios he trabajado y he comido bien. ¿Qué me falta?

El hijo del zar sintióse lleno de alegría; inmediatamente mandó que le llevaran la camisa de aquel hombre, a quien en cambio había de darle cuánto dinero exigiera.

Los enviados presentáronse a toda prisa en la casa de aquel hombre para quitarle la camisa; pero el hombre feliz era tan pobre que no tenía camisa[43].

No es lo que tengo lo que me hace verdaderamente feliz, sino lo que he superado. Estando en el residencial llegué a sentir vergüenza por mi origen humilde, pensaba entonces que esa era la causa de la enfermedad de mi madre, que era parte de mis problemas, pero al ir madurando y creciendo como persona, me di cuenta de que fue la fuente que me impulsó a salir hacia delante en la vida. Si no hubiera nacido en aquella familia, en ese entorno, en aquel lugar, y si no hubiera presenciado a mi madre luchando incansablemente contra la adicción a las drogas, con sus constantes recaídas, no habría aprendido a

____

43 Esqueda, O. (2022). La importancia del agradecimiento. Recuperado el 30 de enero de 2024, de https://csbc.com/resource/la-importancia-del-agradecimiento/

superar obstáculos, afrontar desafíos y seguir adelante a pesar de la adversidad.

> *Sabemos quiénes somos y de dónde venimos...*
> *Pero ¿A dónde vamos? Para saber a dónde se va hay que tener*
> *primero la voluntad y la determinación de seguir siendo*
> *quien se es. De otro modo, el que llega es otro...*
> *Si es que llega alguien. Quien deja de ser no llega.*

ERNESTO RAMOS ANTONINI

Aunque lo negara muchas veces por temor a ser rechazada, hoy en día estoy orgullosa de decir de dónde vengo. Por más dolor y sufrimiento que haya vivido, ese fue mi motor. Ese viento en contra me obligó a acelerar y emprender vuelo. Eso define mi grandeza, vine de lo más bajo de mi sociedad y llegué a alcanzar grandes metas. No conté con privilegios, pero me medía a la par de otros que sí tuvieron un contexto favorable. Y, si yo lo hice, ¿qué te hace pensar que tú no puedes?

Te regalo a continuación unos cuantos mantras[44] para practicar el agradecimiento, cortesía de la página *The Class Yoga*:

---

44 MAN: mente TRA: instrumento. El mantra es un instrumento de la mente para reprogramar nuestros pensamientos y acciones. Se realiza a través de frases positivas que nos van modificando de manera consciente nuestras estructuras mentales.

- Visualizo, creo, alcanzo.
- Todo pasa por algo, y siempre para mejor.
- La felicidad ocurre en el presente.
- Todo lo que necesito, lo tengo.
- Fluyo con lo que ocurre, tal y como ocurre.
- Mi mente crea mi realidad.
- Ser agradecido me hace estar en armonía con lo que me rodea.
- La vida es fantástica.
- Vivo en el presente: aquí y ahora.
- No es más rico el que más tiene, sino el que menos necesita.
- Mis preocupaciones son solo eso, preocupaciones.

Capítulo 5

Renacer en otro nido

«No tengas miedo, sal adelante, ya lo has hecho y podrás hacerlo una vez más». Esta afirmación me ha acompañado a lo largo de mi vida y me ha conducido hasta este presente, desde el cual comparto contigo estas memorias.

Antes de seguir, debo compartir contigo una historia de amor, sí, de amor. Esta vez, te aseguro que no tiene un final, sino un presente feliz. Conocí a mi pareja actual antes de emigrar a Estados Unidos, en medio de circunstancias desafiantes. Nuestro primer encuentro tuvo lugar en la universidad en un día de San Valentín. Era un hombre de muy buena familia, económicamente bien posicionados, él lidiaba con profundas batallas emocionales, incluyendo un divorcio, adicciones, depresión y trastorno bipolar[45]. A

---

45 La bipolaridad es un trastorno del estado de ánimo que puede provocar cambios intensos: en ocasiones puede sentirse extremadamente animado, eufórico,

pesar de todo, fue la primera persona que me trató con verdadero respeto, haciéndome sentir digna de amor.

Juntos, exploramos terrenos desconocidos, revelando nuestras vulnerabilidades y sanando nuestras heridas. Él compartió su conocimiento espiritual conmigo, a pesar de sus desafíos mentales, había explorado extensamente estos temas, abriendo nuevos horizontes para ambos.

Nos convertimos en padres y navegamos por la vida juntos, apoyándonos mutuamente en cada paso. Aunque su condición lo llevó a retirarse del trabajo, nunca dejó de ser mi pilar de apoyo, cuidando de los niños mientras yo asumía mis responsabilidades. En medio de nuestras luchas, encontramos un apego seguro que nos ayudó a crecer como individuos y como pareja.

A través de nuestras experiencias, aprendimos que la verdadera fuerza de un matrimonio radica en la unidad y el apoyo mutuo. A medida que enfrentábamos desafíos, nos comprometimos a remar juntos hacia un futuro más brillante.

Mientras yo lo ayudaba a superar sus adicciones, él me enseñaba el valor del amor propio. Descubrimos que, in-

---

irritable o con energía. Esto se conoce como episodio maníaco. Otras veces puede sentirse deprimido, triste, indiferente o desesperanzado. Antes se le conocía como depresión maníaca.

dependientemente de nuestras circunstancias externas, la oscuridad puede encontrar su camino en cualquier corazón. Sin embargo, juntos, encontramos la luz en medio de la adversidad.

La aceptación y el apoyo de su familia fueron un regalo invaluable en nuestras vidas. Hoy en día, mi esposo ha dejado los medicamentos tradicionales y ha adoptado un estilo de vida basado en la medicina alternativa y la meditación. Seguimos construyendo nuestra historia juntos, apoyándonos mutuamente en cada paso del camino.

Me salvaste de mi eterna soledad,
y me liberaste de mi triste agonía,
colocaste en mi alma la felicidad,
que llena mi vida de inmensa alegría.
Me salvaste de vivir solo en el mundo,
y de sentir que es monótona la vida,
me mostraste un amor tan profundo,
que puede sanar cualquier herida.

EFRAÍN TRINIDAD RODRÍGUEZ

Saliendo de la zona de confort

«¡Lucha sí, entrega no!» resonaban nuestras voces en el aire. Eramos un coro unificado de empleados que nos enfrentábamos a la pérdida inminente de nuestros puestos de trabajo. Eran los treinta mil empleados públicos que fueron despedidos tras la promulgación de la Ley 7 de reconstrucción gubernamental, impulsada por el gobierno de Puerto Rico durante el mandato de Luis Fortuño.

De nada valieron los gritos, el llanto y el desespero. Tres semanas después, me tocó vender todo lo que tenía, con el corazón roto. Comprar pasajes de avión y dejar la isla era todo lo que quedaba.

En el año 2010, emprendimos vuelo a Estado Unidos. Salimos de Puerto Rico los cuatro, los dos niños, mi esposo y yo, todos dispuestos a renacer en un nuevo nido.

No conservamos nada, renunciamos a todo y nos entregamos al destino. Es sorprendente ver cómo toda una vida cabe en unas cuantas maletas, solo cinco para ser precisos; repletas de fotografías y recuerdos. Esas fotografías que solíamos revelar con intriga, preguntándonos cómo saldrían. Al marcharnos de nuestro país, esas eran las únicas piezas de nuestra historia, fragmentos de hogar que llevamos con nosotros. Cada imagen era un lazo con nuestro pasado, recordándonos quiénes éramos y de dónde veníamos. Eran más que simples fotos; eran nuestros recuerdos acompañándonos a explorar nuevos horizontes.

Llegamos a Rochester, Nueva York, un 29 de junio de 2010.

Una vez leí que migrar es como divorciarse estando enamorado, y así mismo fue que lo sintió mi corazón, la nostalgia de la despedida es tan profunda que duele. La incertidumbre de no saber el día en que vas a volver a tu país deja una profunda sensación de vacío en el corazón.

Aprendí pronto que al emigrar se pierden las muletas
que han servido de sostén hasta entonces,
hay que comenzar desde cero, porque el pasado se borra
de un plumazo y a nadie le importa
de dónde uno viene o qué ha hecho antes.

Isabel Allende

El desafío era adaptarnos no solo a la nueva escena, sino también a todo lo que implicaba el contexto: lenguaje, costumbres, clima, cultura, etc. Las personas que nos mudamos de país experimentamos en este tránsito un vacío existencial, material y emocional. Nos sentimos en caída libre, sin la certeza de dónde aterrizaremos. Es nacer de nuevo.

La poca familiaridad con ese mundo nos obligaba a adaptarnos rápidamente. Estábamos forzados a superar obstáculos en tiempo récord. No hay pausa: el hambre no espera, el frío no se compadece ni conoce empatía. Tienes que sobrevivir a como dé lugar.

Se siente inseguridad, inestabilidad, mucho miedo. Es como si estuvieras en una dimensión desconocida. Pero no todo es malo, comienzas a descubrir nuevas habilidades, fuerzas y destrezas que no sabías que tenías.

Es como si estuvieras desbloqueando nuevas funciones de tu personaje, las cuales estaban ocultas hasta que superas el nivel anterior. Te ves obligada a enfrentar la soledad, la pobreza, la ignorancia y el desamparo.

En el contexto de Puerto Rico, las circunstancias no nos favorecían. Al unir mi destino al de mi esposo, me vi desprovista de algunos de los respaldos que contaba como madre soltera. Además, enfrentábamos los obstáculos derivados de las dificultades laborales de mi pareja, que se veía afectado por problemas de salud mental. El peso de sostener nuestra familia con dos hijos y sin ingresos se tornaba cada vez más abrumador y exigente.

Ante la difícil coyuntura que atravesaba, mi madre, entonces residiendo en Estados Unidos, se enteró de mi situación y, ya sea movida por genuinas intenciones o no, me contactó: «Vente para acá; el Welfare[46] puede proporcionarte apoyo financiero mientras completas tus estudios».[47] Añadió que podría quedarme por un tiempo hasta que pudiera acceder a ayuda económica de los servicios sociales. Al encontrarme en la fase final de mi maestría, esta oferta emergía como la opción más sensata disponible. Una vez más, opté por confiar en sus palabras.

Así comenzó mi aventura. Mi madre me extendió esa invitación, pero lo que no me dijo es que todavía estaba con sus problemas de adicción. Me hizo entender que ella estaba bien.

Solo duré una semana en casa de mi madre. Al segundo día de estar en su apartamento una infestación de chinches que provenía del apartamento de al lado nos atacó a

---

46 Departamento de Servicios Sociales, División de Asistencia Financiera mejor conocido como Welfare. https://www.monroecounty.gov/hs-assistance.
La División de Asistencia Financiera gestiona programas cruciales como Asistencia Temporal, Medicaid y SNAP, asegurando que solo aquellos elegibles reciban ayuda. Además, aborda temas como empleo, violencia doméstica y servicios de atención médica. Los servicios financieros cubren una amplia gama de necesidades, desde efectivo hasta vivienda y seguro médico. Los solicitantes deben participar en tareas de trabajo voluntario y clases de inglés si es necesario.
47 Aunque el programa de asistencia social cubrió mis necesidades básicas, como el alquiler, el cuidado de los niños, el seguro médico, la comida y un pase de autobús para el transporte (hasta el día de hoy estoy agradecida por ello), no me ayudó a financiar mis estudios. Como resultado, enfrenté mayores dificultades y tuve que realizar trabajo voluntario además de estudiar, y financié la maestría con préstamos estudiantiles en Puerto Rico.

mí y a mis hijos. Tuvimos que botar algunas de las pocas cosas que traíamos. Ver las manchas rojas en la piel de los niños y la mirada de espanto de otros niños al verlos así, fue bastante doloroso.

La semana siguiente, luego de un altercado entre mi madre y su hermano, quien también enfrentaba problemas de adicción y se alojaba en su apartamento, él nos denunció ante la administración del edificio por violar las reglas de visitantes. Alegó que en la residencia se encontraban hospedadas cuatro personas adicionales, y resulta ser que eso contravenía las políticas de arrendamiento. Como consecuencia, nos vimos forzados a abandonar el lugar de manera inmediata.

Recién llegados y en la calle, con muy poco dinero, dos niños y con la esperanza fracturada. Pero, así como existe la oscuridad, también existe la luz. Conseguimos una residencia que pedía una serie de documentos para alquilarnos. Afortunadamente, la persona a cargo era puertorriqueña y nos brindó su apoyo. Conseguimos un modesto apartamento con un pequeño cuarto. Comenzamos desde cero, durmiendo en el suelo, pero aun así nos sentíamos felices, agradecidos por tener un techo sobre nuestras cabezas y no tener que recurrir a un refugio.

Allí estábamos los cuatro, en un apartamento vacío, los niños picados por los chinches, mi esposo depresivo y yo con mi maleta de sueños a cuestas. Activé todo mi sistema de defensas, pues no era momento de caer. Oré como lo hacía de pequeña, me aferré al poder de la divinidad y me puse manos a la obra.

Y como si no fuera suficiente, en medio de ese torbellino, me encontré ante una emergencia médica inesperada: tuve que someterme a una cirugía de extirpación de la vesícula biliar. Pasé dos semanas con un drenaje, sintiendo cómo mi vitalidad se desvanecía como una vela sin llama. A pesar de todo, no perdí la esperanza, aunque mientras permanecía inmovilizada en un mueble de la sala debido al drenaje, me cuestionaba y me preguntaba en silencio: «¿Qué hice para merecer todo esto?».

Una vez restablecida, me encaminé hacia el Welfare con el objetivo principal de solicitar ayuda para completar mis estudios. Presenté todas mis credenciales universitarias en la institución correspondiente, donde me sometieron a una serie de preguntas. Al final, me entregaron un documento que especificaba mi asignación para trabajar en la biblioteca. Me resultaba difícil creer que el proceso hubiera sido tan sencillo.

Estaba llena de emoción ante la perspectiva de hacer voluntariado en mi campo, entablar nuevas amistades y establecer contactos. Sentía que todo iba a mejorar, que por fin había llegado el momento. Estaba segura de que saldríamos adelante; obtendría la ayuda financiera necesaria para mis estudios y gastos básicos, tal como lo había planeado.

Al día siguiente, me vestí con la formalidad de una profesional y me encaminé hacia la dirección designada. El frío de esa mañana aún permanece grabado en mi mente, una temperatura de 40 grados, muy distinta al rocío refrescante de una isla caribeña al amanecer. Al llegar a la biblioteca, fui conducida a un área diferente, hacia la parte trasera, donde se encontraba un tráiler. Resultó que el trabajo para el cual me habían asignado estaba justo detrás de esa biblioteca. Se trataba de ser voluntaria en un proyecto de construcción destinado a llenar sacos con concreto para erigir pequeñas viviendas tipo iglú destinadas a niños en África. Esta fue la tarea que se me asignó.

Sin entender mucho lo que estaba sucediendo, me acerqué. Lo primero que me impactó fue un olor a orina y caca. El lodo me llegaba hasta la rodilla, por todos lados había pelos de gatos y perros encima de los escritorios.

En Puerto Rico, me desempeñaba como bibliotecaria de nivel II, impartiendo talleres sobre relaciones laborales y clases de tecnología para adultos mayores, me desempeñaba como educadora en mi comunidad, pero aquí no era nadie, una obrera sin nombre. Fue muy duro, no lo voy a negar. Tenía dificultades con el idioma. Aunque lo comprendía, me costaba expresarme con naturalidad. Me sentía como un pájaro sin canto en un bosque desconocido.

Ese día llegué a la casa conmocionada, como si me hubiesen tirado un balde de agua fría. Le dije a mi esposo: «Mañana será otro día». Y me fui a la cama después de darme un baño. Al amanecer, me fui a la construcción y en ese trabajo duré un año, todo a cambio de casa y comida.

Ese año, al no ser asignada a la biblioteca, opté por ser voluntaria en la biblioteca del centro de la ciudad por iniciativa propia. Sin embargo, la carga resultó ser pesada. Para obtener beneficios, necesitaba formalizar mi voluntariado con el departamento de servicios sociales. Mi tiempo se dividía entre la construcción, clases de inglés, voluntariado en la biblioteca y mi proyecto de tesis para la maestría.

Empecé en una ubicación dos pisos debajo de la sala de consulta, rodeada únicamente de libros, mis fieles compañeros y refugio. Desde allí también podía observar una cascada. Aunque solitario y enigmático, aquel lugar albergaba presencias inexplicables, como voces y murmullos que revelaban la presencia de seres que ya no pertenecían al mundo de los vivos[48].

---

48 En línea puedes encontrar un documental que sustenta lo que afirmo: Ghost

Persistí en mi deseo de ser reubicada en la biblioteca, lo cual logré después de un año de espera y numerosos desafíos, incluyendo largas filas desde las cinco de la mañana, esperando durante horas a temperaturas extremadamente bajas. Finalmente, comencé formalmente mi servicio como voluntaria en la biblioteca, lo que me permitió abandonar la construcción.

Recuerdo que me encerraba en el clóset del mi cuarto durante todas las noches a trabajar en el proyecto de tesis. La finalicé, con todas las circunstancias en mi contra, y me gané una medalla de excelencia académica. En colaboración con una destacada doctora de la Universidad de Puerto Rico, como parte de mi proyecto de tesis, logré aportar la primera plataforma digital: *Casada con Gay*[49]. Esta iniciativa se erigió como el recurso pionero en español sobre este tema en Puerto Rico.

Todo esto desde un clóset, utilizando computadora prestada de las tiendas de arrendamientos, hurtando conexión a internet de la oficina del complejo donde vivía. Cuando se quiere, se puede.

Durante mi experiencia en la construcción conocí muchas personas, la mayoría afroamericanos, latinos, todos

Hunters, S8 E25 Due date with death: https://www.imdb.com/title/tt2517936/
49   https://casadacongay.wordpress.com/

de muy bajos recursos. Hicimos una pequeña comunidad y brindamos el soporte que necesitaban. Fue muy duro estar allí, aun cuando me dejó grandes aprendizajes.

Al conseguir el cambio a la biblioteca ya estaba más tranquila. En solitario, callada, viendo la caída de agua que estaba cerca, recordaba que todo fluye. Allí duré dos años.

Durante este tiempo fui ascendiendo. A medida que se abrían plazas, aplicaba. De esa especie de depósito de libros pasé a la sala a acomodar los libros. Aunque estaba sobrecalificada para ocupar esa posición, la más baja en la biblioteca, para mí representó un ascenso. Me sentía tan excluida y aislada que ese cambio fue como subir de nivel y categoría.

No obstante, con ese cargo no podía interactuar con los usuarios de la biblioteca. Estaba prohibido responderles dudas u orientarlos. Me tenía que atener a mis tareas de acomodar los libros. En cierta ocasión, cuando respondí una pregunta en español a un usuario, la bibliotecaria detrás del mostrador me dijo: «La próxima vez, envíalo donde mí. Aquí, la bibliotecaria soy yo». Irónicamente, él no poseía conocimientos de inglés y ella carecía de habilidades en español.

Aunque esas experiencias me causaban un dolor profundo, no lograban desalentarme. Estaba convencida de que podía aportar mucho más. Seis meses después ya era asistente de biblioteca. Manejaba la base de datos, expedía nuevas tarjetas de biblioteca a los usuarios y supervisaba las transacciones monetarias en la caja registradora, además de llevar un registro meticuloso de los préstamos y devoluciones de libros. Al lograr esta nueva responsabilidad, había conseguido ascender un escalón más en mi carrera.

La entrevista para este cargo supuso todo un desafío, pero logré mantener mi compostura de alguna manera. Sentí una profunda gratitud por la fuerza que me acompañó en ese momento. Mi marcado acento, que había sido un obstáculo principal en mi búsqueda de empleo, suscitaba inquietudes entre los empleadores. Parecía que temían que el público tuviera dificultades para entender mi inglés, lo que resultaba en rechazos constantes en todas las posiciones a las que aspiraba.

En aquel rol, enfrenté el desafío de interactuar con usuarios, lo cual supuso un verdadero reto debido a mi temor a hablar inglés. Pero para añadir más complejidad a esta situación, mi supervisora, notablemente hostil, exacerbaba mis inseguridades. Se burlaba de mi origen y disfrutaba haciendo comentarios hirientes, especialmente acerca de mi habilidad con el idioma. La primera vez que tuve que asistir a un usuario, ella estaba observándome. Mis nervios estaban en su punto máximo mientras el usuario me miraba con desdén por mi acento. Fue un momento profundamente humillante.

En ocasiones, algunos usuarios, cuando los atendía por teléfono, colgaban y volvían a llamar, para asegurarse de haber hecho la transición correctamente. Pensaban que la *foreign lady* no era capaz de hacer el trabajo correcto por su acento. Sin embargo, no permití que esto me intimidara. Me sumergí en un constante estudio, pasaba horas leyendo los mismos libros en ambos idiomas, manteniendo diálogos internos y observando atentamente cómo otros se expresaban. Repetía en mi mente cada palabra, tal como lo hacía al memorizar los letreros que veía a mi alrededor cuando pequeña. Hasta que, finalmente, conquisté aquello que me hacía sentir inferior: el idioma inglés.

«Dios, enséñame la luz que yo camino», esa era mi oración todas las noches. Siempre he estado acompañada de esa luz divina. Mi camino, aunque lleno de espinas, no ha dejado de tener la gracia de Dios. Los resultados que me dieron esa fe inquebrantable, junto a la perseverancia y la disciplina, no se hicieron esperar.

Hay un refrán que dice: «Si la montaña no va a Mahoma, Mahoma va a la montaña»

Debido a que mi acento se convirtió en el mayor obstáculo para ser considerada en las oportunidades para bibliotecarios que se presentaban ¡tenía que buscar otra solución! Así, utilicé las computadoras públicas de la biblioteca para dedicarme a mi propia iniciativa: un proyecto llamado «Conectando a los latinos(as) con las bibliotecas» con el objetivo de abordar la discrepancia en el uso de las bibliotecas entre la población hispana. Este proyecto tenía el propósito de identificar y justificar las necesidades específicas de la comunidad hispanohablante, y determinar las barreras que enfrentaban al tratar de acceder a los servicios bibliotecarios. Además, se buscaba validar la importancia de contar con un bibliotecario bilingüe para cerrar la brecha idiomática y mejorar los servicios ofrecidos en el mostrador de información y el centro de computación. Por lo tanto, realicé una investigación exhaustiva, respaldada por datos, iniciativas y proyectos de bibliotecas, y preparé una presentación detallada junto con un proyecto. Con los nervios a flor de piel y mi distintivo acento resonando en cada palabra, reuní toda mi valentía y presenté mi proyecto ante la junta de la biblioteca. Fue así como justifiqué mi propuesta y la creación de posición, así me convertí en la primera bibliotecaria bilingüe de servicios para adultos en todo el condado.

Comencé en el mostrador de información y en un pequeño salón con apenas ocho computadoras. En poco tiempo, transformé este espacio en un centro tecnológico dinámico[50], que eventualmente sentó las bases para un innovador centro de acceso tecnológico en la biblioteca, equipado con 28 computadoras y una sala de clases adicional.

Además, me preparé diligentemente para el examen notarial y logré convertirme en la primera notaría pública capaz de notarizar documentos en español. Durante casi cinco años sin descanso, ofrecí mi ayuda en el mostrador de servicio, proporcionando asistencia tanto en clases de computación en dos idiomas como en el uso de las computadoras. En promedio, ayudé a alrededor de 1200 personas cada mes.

Le cambié la vida a medio Rochester, y no lo digo por alardear, es que realmente muchísima gente validaba mi trabajo en la calle. Me decían: «Estoy muy agradecida», «estoy aquí por ella». Madres solteras, personas mayores, personas con problemas de drogadicción, exconvictos,

---

50 https://roccitylibrary.org/division/technology-center/

inmigrantes, los más desposeídos acudían al servicio de bibliotecas y no solo conectaban con la información, sino que además se acercaban a la esperanza. Les decía: «Tú puedes levantarte, yo vine sin medio, fui madre soltera, estudié, salí de abajo y sigo luchando por mis sueños cada día. Claro que tú también puedes».

En ocasiones, les mostraba algunas fotos. Era evidente mi cambio de vida. Ya para ese tiempo había trabajado en mi sobrepeso. No lo he dicho anteriormente, pero la mala nutrición que viví en Puerto Rico dejó secuelas en mi peso corporal. Era una persona obesa. Tal vez, cargaba esos kilos como una barrera de protección contra el dolor y el sufrimiento. No lo sé. Sin embargo, ya no los necesitaba. Comencé a mejorar mis hábitos y atender mi salud.

Llegó un día en que sentí que ya había cumplido mi misión en esa biblioteca. Me encontraba exhausta, lidiando con una carga abrumadora de atención a numerosas personas cada día. Descuidaba mi propia alimentación y mi salud, incluso se me manifestó un tic nervioso. No contaba con ningún tipo de ayuda para hacer frente a todas las demandas de atención que recibía en español. Trabajaba incansablemente hasta encontrar soluciones para quienes buscaban ayuda, conectándolos con recursos como refugio, comida, ropa e incluso brindando un abrazo si era necesario.

Innegablemente las bibliotecas públicas de Estados Unidos han sufrido cambios notables en respuesta a diversos problemas sociales, como la creciente demanda de acceso a la tecnología y a los recursos digitales, el aumento de la diversidad cultural en las comunidades a las que sirven, los desafíos relacionados con la falta de vivienda y la pobreza, así como la necesidad de proporcionar servicios de salud mental y apoyo a las personas que enfrentan adicciones. Recuerdo vivamente haber participado en el rescate de persona al borde de la muerte por sobredosis de drogas, proporcionándoles los primeros auxilios mientras esperábamos la ayuda médica.

En una oportunidad, en un restaurante alguien me miró y la persona que andaba con él, dijo: «Ella me salvó la vida». Ese era el hombre que ayudé cuando experimentó la sobredosis. ¿Qué mayor recompensa que esa? Este proyecto me devolvió el alma al cuerpo, y me ayudó a recuperar mi identidad perdida. Sin embargo, era tiempo de soltar y así lo hice. Casualmente, se me presentó la oportunidad de un nuevo empleo en Florida y renuncié con todo el dolor de mi alma, no por el cargo ni por el lugar, sino por la gente que dejaba en otras manos.

A nivel laboral, nada me retenía, todo lo contrario, cada día tenía más razones para irme. Antes de decidir dejar mi puesto, apliqué para una posición que encajaba perfectamente con mi perfil. Llegué a ser finalista para el puesto, pero fui rechazada cuando hablaron con mi propia referencia. La razón, según esa referencia, que carecía de la habilidad para establecer límites en la atención a las personas, ya que mostraba una disposición a ayudar a todos sin distinción.

Cuando me informaron de este supuesto fallo tuve que salir del edificio y pedirle a mi esposo que me fuera a buscar. Así de descompuesta estaba. Yo, que nunca dependí de nadie, en ese momento necesité que me rescataran. Ese día lloré como nunca. Creo que derramé todas las lágrimas acumuladas durante toda mi vida. El llanto venía del fondo de mi alma.

Aunque me causó mucho dolor, y no fue fácil, tiempo después decidí poner fin a esa experiencia. La gota que derramó el vaso fue cuando me solicitaron que acompañara a una visita a las cárceles a la persona que ocupó la plaza para la que había aplicado, porque no tenían a nadie bilingüe que los apoyara. No me negué, fui y dicté conferencias en algunas prisiones. No pude negarme, porque era mi llamado, mi misión, mi propósito. Lo hice desde el corazón.

Mis charlas se salían de lo académico y terminaban siendo sesiones de *coach* para esas personas que, privadas de libertad, seguían con la esperanza de ser productivas y recomponer su camino. Les hacía comprender que todo lo que hacían sumaba para su futuro fuera de esas rejas, que cada esfuerzo valía la pena, que la luz brilla para todos y ellos verían el fruto de su trabajo multiplicado con creces. Yo tuve la bendición de ver la transformación de muchas personas allí.

Sin embargo, cuando surgió una nueva oportunidad laboral en Florida, me despedí con el corazón destrozado. Dejaba atrás a aquellos que hallaban en mí un apoyo, a los niños cuyas sonrisas iluminaban al recibir un juguete de mis manos, y a aquellos reclusos que transformaron sus vidas para siempre.

Cuando nos mudamos a Florida, tristemente la madre de mi esposo había fallecido trágicamente. Le había dejado un dinero que aportó a la familia y con esa reserva pudimos establecernos en este nuevo lugar.

Ya no éramos los mismos emigrantes, temerosos y en decadencia. Comenzamos de nuevo, pero no de cero. Durante nuestra estancia en Florida, experimentamos un notable crecimiento profesional. Mi esposo, encontró su llama interior en la pirografía, mientras que yo me sumergí en un mar de oportunidades como profesional de la información. Cada día fue un ascenso, un despliegue de nuevas posibilidades que abracé con fervor. Construí un legado del que me enorgullezco profundamente, agradecida por cada paso en mi camino.

En ese intercambio, él fue descubriendo su pasión por el arte, y en sus obras un puente hacia la sanación de su alma. Para mí, las palabras y los libros se convirtieron en mis herramientas para cumplir con mi misión de vida: transformar realidades. Redefinimos el arte, juntos.

Hay una oración de San Francisco de Asís que define de manera hermosa mi trabajo desde entonces:

Oh, Señor, hazme un instrumento de tu paz.
Donde hay odio, que lleve yo el amor.
Donde haya ofensa, que lleve yo el perdón.
Donde haya discordia, que lleve yo la unión.
Donde haya duda, que lleve yo la fe.
Donde haya error, que lleve yo la verdad.
Donde haya desesperación, que lleve yo la alegría.
Donde haya tinieblas, que lleve yo la luz.
Oh, Maestro, haced que yo no busque tanto ser consolado,
sino consolar;
ser comprendido, sino comprender;
ser amado, como amar.
Porque es:
Dando, que se recibe;
Perdonando, que se es perdonado;
Muriendo, que se resucita a la
vida eterna.

Me convertí en un instrumento de paz. Fui sanando mis heridas a la par que ayudaba a otros a cicatrizar las propias. Es un milagro esa retroalimentación que he recibido.

La resiliencia como camino de salvación

En la travesía de la vida, la resiliencia emerge como el faro que guía hacia la salvación interior.

Jazmín Sambrano, doctora en psicología y experta en técnicas de superaprendizaje, nos presenta una definición de la resiliencia que en lo personal me describe y con la que me siento conectada:

Cómo ser un cisne en pantano

Muchos niños viven en situaciones de terribles condiciones (delincuencia, drogadicción, maltratos, prostitución), y, sin embargo, no desarrollan ningún tipo de conducta inadecuada. ¿Cuáles son los factores que les protegen? ¿Cómo hacen para salir «ilesos» de esas situaciones? La Psicología aplica para ello el término resiliencia, concebido como la capacidad para vivir en situaciones de riesgo y convivir con las adversidades extremas y tener al mismo tiempo la suficiente fuerza interna para no «meterse en problemas».

Todas las personas están expuestas a la adversidad en algún momento de sus vidas; por ende, se debe tener elementos para sobrevivir a ella y aprender a «supervivir». La capacidad de adaptarse al riesgo no es evitarlo, sino exponerse al mismo en forma controlada. Debe desarrollarse la autonomía para vivir adecuadamente desde dentro, con los recursos internos propios, nutrir las experiencias y aumentar la resistencia a situaciones negativas, para propiciar la autovaloración, el sentirse bien dentro de sí mismo, la formación de valores (amor, lealtad, honestidad, solidaridad, etc.[51]).

A pesar del agotamiento mental, emocional y físico que fue ese cisne en el pantano, logré desplegar mis alas y volar tan alto que no me quedara ninguna duda de mis capacidades. He explorado la resiliencia en carne propia, he tratado de entenderla, de describir los recursos que poseo y que me hicieron una persona resiliente. Debo decir que el optimismo, la fe y la perseverancia han sido mis más importantes instrumentos de superación.

Hay quienes se preguntan si uno nace resiliente o se hace. La verdad, debí nacer con una fuerza interna de

---

51 Sambrano, J. (2010). *Resiliencia. Transformación positiva de la adversidad.* Editorial Alfa. Pág. 19.

otro mundo, pero también es cierto que he aprendido de mis propias caídas a levantarme. Así que creo que es una capacidad que se desarrolla, se perfecciona y se nutre con el tiempo y las experiencias.

El Directorado de Práctica de la Asociación Americana de Psicología publicó un ensayo en su página web, titulado «Camino a la resiliencia», en él se nos muestra esta habilidad como un viaje río abajo en una balsa:

En un río, puede encontrar rápidos, virajes, aguas lentas y áreas poco profundas. Como en la vida, los cambios que experimenta en el camino le afectan de forma diferente.

Viajar por el río, le ayuda el conocerlo y recordar las experiencias pasadas que ha tenido con él. Su viaje debe ser guiado por un plan, una estrategia que considere funciona para usted.

La perseverancia y la confianza en su capacidad para evitar los peñones y otros obstáculos son importantes. Puede ganar valor y perspicacia al navegar con éxito en las aguas embravecidas. Las personas en quienes confía y le acompañan en el viaje, pueden especialmente ayudarle a enfrentarte a los rápidos, las corrientes y otras dificultades del río.

> Puede bajarse de la balsa y descansar en la orilla del río. Sin embargo, para terminar su viaje debe remontar la balsa y continuar[52].

Mi vida ha estado llena de peñones, posiblemente también la tuya tenga más de un obstáculo, y he aprendido a navegarlos. De la mano de Dios, con los ángeles que ha puesto en mi camino, con la esperanza como bandera de esa balsa, me he convertido en toda una capitana de mi propio viaje.

En las páginas de este libro encontrarás toda una reflexión sobre el poder de la resiliencia. Sin embargo, es importante también la esquematización de las ideas, así que a continuación te presento algunas sugerencias que nos ofrece Mayo Clinic[53]:

> Si quieres ser más resistente, ten en cuenta estos consejos:
>
> Conéctate. Construir relaciones fuertes y positivas con los seres queridos y amigos puede darte el apoyo, la orientación y la aceptación que ne-

---

52 American Psychological Association (APA). (s. f.). *The Road to Resilience*. Recuperado de: https://www.apa.org/topics/resilience/camino

53 Mayo Clinic. (s. f.). *Resilience training*. En Mayo Clinic. Recuperado de: https://www.mayoclinic.org/es/tests-procedures/resilience-training/in-depth/resilience/art-20046311

cesitas en momentos buenos y malos. Establece otras conexiones importantes ofreciéndote como voluntario o participando en una comunidad religiosa o espiritual.

Haz que cada día tenga sentido. Haz algo que te dé una sensación de logro y propósito todos los días. Establece metas claras y alcanzables que te ayuden a mirar hacia el futuro con sentido.

Aprende de la experiencia. Piensa en cómo has afrontado las dificultades en el pasado. Recuerda las habilidades y estrategias que te ayudaron en los momentos difíciles. Incluso podrías escribir sobre experiencias pasadas en un diario para ayudarte a identificar patrones de comportamientos positivos y negativos, y guiar tu comportamiento futuro.

Mantén la esperanza. No puedes cambiar el pasado, pero siempre puedes mirar hacia el futuro. Aceptar e incluso anticipar el cambio hace más fácil adaptarse y ver los nuevos retos con menos ansiedad.

Cuídate. Atiende a tus propias necesidades y sentimientos. Participa en actividades y pasatiempos que disfrutes. Incorpora la actividad física a tu rutina diaria. Duerme y crea rituales uniformes para ir a dormir. Lleva una dieta saludable. Practica el manejo del estrés y técnicas de relajación, como el yoga, la meditación, la visualización dirigida, la respiración profunda o la oración.

Sé proactivo. No ignores tus problemas. En cambio, averigua lo que hay que hacer, haz un plan y toma medidas. Aunque puede llevar tiempo recuperarse de un gran contratiempo, un evento traumático o una pérdida, debes saber que tu situación puede mejorar si trabajas en ello.

Superar las adversidades a través de la determinación y la disciplina

El único instrumento que los hombres tenemos tanto para perfeccionarnos como para vivir dignamente es la educación.

Santo Tomás de Aquino

Aprendí que emigrar es como saltar de un avión a un lugar desconocido. Puede que te aguarden cientos de oportunidades, pero también hallarás grandes desafíos. Es similar a tomar el timón de un barco y navegar al horizonte en búsqueda constante de los vientos más favorables y de tesoros ocultos, o como subir una alta montaña y dejar todas las fuerzas con la esperanza de alcanzar el cielo y conquistar la libertad. Emigrar es abrir un libro nuevo y encontrar en sus páginas una historia diferente cada día: un océano de emociones, aprendizaje y nostalgias.

Mudarme a Estados Unidos ha sido un viaje constante de exploración de nuevas culturas, costumbres, palabras, realidades y nuevas formas de ver la vida, tanto emocional como espiritualmente.

Es verdad que ha sido el inicio de un futuro brillante, pero también ha sido una experiencia desafiante. Me ha llevado hasta el fondo, pero a la vez me ha dado el impulso para despegar un vuelo sin límites.

En cada desviamiento, en cada momento de crisis, en cada reto que la vida me ha presentado, solo he visto un sendero: el de la determinación y la disciplina. **Ambas cualidades han sido clave para superar las adversidades.** La determinación me ha favorecido para enfrentar los infortunios con valentía y pericia, mientras que la disciplina me ha permitido mantener sólidas y desplegadas todas mis habilidades con eficacia. Sin embargo, ambas habilidades exigen un gran esfuerzo, así que puede producirse agotamiento mental y físico. Si no gestionas el estrés, puedes caer en un estado de desmotivación e improductividad que fácilmente puede degenerar en una depresión. Mas si logras superar las adversidades, respetas tus límites, eres consciente y amable con tu cuerpo y nutres el espíritu, los beneficios sobrepasarán todas nuestras expectativas.

De las crisis puedes salir destruido o con un sentimiento de confianza mayor, con una madurez renovada y mucho más sabio, pero es menester encontrar el equilibrio entre la autoexigencia y la autocompasión.

Es sustancial aprender a estar motivados en tiempos difíciles. ¿Cómo? Pues viviendo en el presente, un día a la vez, pensando en lo que puedes lograr con los recursos que tienes para llegar al próximo nivel.

La vida no es lineal, tiene subidas y bajadas, como los latidos de nuestro corazón. Siempre habrá situaciones por resolver. Los únicos y verdaderos problemas son la enfermedad y la muerte. En tanto estés saludable y vivo, solo tienes asuntos por resolver.

Se sufre, pero también se goza en esta aventura que es la vida. Cuando miras atrás y ves todo lo que has superado, la satisfacción no se compara con nada. Cada ladrillo cuenta, cada pasito, cada lágrima, cada gota de sudor, cada esfuerzo tiene su valor. Todo te transforma, así que procura que sea para bien.

Alguna vez encontré el siguiente mensaje en un *post* de redes sociales, y considero que viene bien para terminar este capítulo reflexionando sobre esas decisiones difíciles que tomas cada día y que piensas a dónde te lleva y qué te deja:

*El matrimonio es difícil. El divorcio es difícil.
Elige tu dificultad.*

*Hacer ejercicio es difícil. La obesidad es difícil.
Elige tu dificultad.*

*Emprender es difícil. Vivir endeudado es difícil.
Elige tu dificultad.*

*Crecer como persona es difícil, vivir estancado es
difícil. Elige tu dificultad.*

La vida nunca será sencilla. Siempre habrá aspectos difíciles que enfrentar, pero cuando elijas tus dificultades, elígelas sabiamente.

Capítulo 6

Cultivando caminos de esperanzas

Stephen Hawking

«Luego de la tormenta, viene la calma». Una frase que, aunque algo trillada, es muy poderosa. A lo largo de este libro hemos recorrido las páginas más escabrosas de mi historia. Durante los primeros años de mi vida parecía estar marcada por la sombra de las dificultades. Aun así, cada capítulo también estuvo acompañado de grandes bendiciones. Sin ellas no hubiese llegado hasta este punto en el que me encuentro.

Siento que en este intercambio autor-lector hemos escalado juntos una gran montaña. Te he traído, paso a paso, hasta una de las cimas de mi vida, y digo una, porque el viaje continúa hasta donde esté destinada a llegar.

Desde este lugar, mi presente, que seguramente será mi pasado cuando estés leyendo estas memorias, podrás ver atrás todas esas pendientes, todo el cansancio, el esfuerzo físico y mental que me costó llegar hasta aquí.

Ahora puedo mirar al cielo y agradecer por cada prueba que me impulsó a seguir avanzando.

Es verdad, que muchos se quedaron en esos caminos, no pudieron seguir, pero no me tocaba a mí esperar por ellos. Seguí mis sueños, mi propósito, mi corazón. Fueron mi brújula en los momentos de confusión.

Ahora, te invito a tomarte un momento, respirar profundo conmigo, dejarte envolver por esta paz que da el trabajo bien hecho, caminar con un propósito y superar la adversidad sin perder la empatía y el amor al prójimo.

Amo como ama el amor.
No conozco otra razón para amar que amarte.
¿Qué quieres que te diga además de que te amo,
si lo que quiero decirte es que te amo?

FERNANDO PESSOA

Finalmente encontré dentro de mí lo que tanto anhelé y buscaba: el amor y la esperanza. Ambos sentimientos siempre me acompañaron y me convirtieron en la líder de mi destino. No era consciente de ello. ¿Quién, en mis condiciones, puede ser consciente de algo así? Afortunadamente, nuestras almas, sí son conscientes, sabias y no se equivocan.

Las bibliotecas no solo me rescataron, sino que me eligieron para ser el faro que guía a otros hacia el tesoro del conocimiento y la esperanza.

Como bibliotecaria, he sido testigo de la increíble transformación que han experimentado las bibliotecas en un corto período de tiempo. Han pasado de ser lugares tranquilos y reservados a convertirse en vibrantes centros de desarrollo, crecimiento y colaboración para todas las comunidades.

La historia reciente de las bibliotecas es una especie de analogía con mi propia vida, porque estos sitios aceptaron los cambios que estaban sufriendo y ajustaron su razón de ser a los nuevos tiempos. Su evolución, de alguna manera, también es la mía.

He estado durante todos los procesos de transición, he visto llegar la tecnología y abrirse paso a paso, desplazando muchas de las funciones de las bibliotecas. No obstante, también he constatado que la frialdad de una aplicación o de una red social no sustituye la calidez de una atención personalizada. Seguimos necesitando del intercambio humano para la comprensión de nuestras necesidades, la empatía y el afecto. Por eso, las personas siguen siendo protagonistas del servicio que ofrecemos en cada biblioteca.

> Es fundamental que haya estrategias de convocatoria que animen a la comunidad a llegar. Si algo no se usa, pierde su importancia. Es importante seguir convocando y generando consciencia en las personas para la conservación y uso de las bibliotecas en general[54].

Antes de salir de Nueva York, me sentí gratamente complacida al desarrollar la primera colección en español para una de las cárceles en las que teníamos un proyecto como biblioteca pública. Imagínense a una persona privada de libertad, hispanohablante, que no puede acceder a ningún tipo de información en su idioma y que, de pronto, tenga a su disposición uno o más libros escritos en español.

Tener un libro que te saque por instantes de esa realidad que estás viviendo es transformador. Por esa razón, moví cielo y tierra hasta lograr recopilar una serie de títulos y publicaciones en español con otras bibliotecas. Esta colaboración sirvió para consolidar una buena colección para estos centros penitenciarios. La primera experiencia de este tipo fue en las cárceles de Rochester, Nueva York.

---

54 Vélez Arroyave, P. (Coordinadora de Gestión del Patrimonio de la UPB). (s. f.). *La importancia de las bibliotecas públicas para conservar el patrimonio cultural de la sociedad*. Recuperado de: https://acortar.link/ZZRPH0

También impartí cursos en español en estos mismos centros, lideraba jornadas de alcance llevando la biblioteca a estos lugares y poniéndola al servicio de los menos favorecidos.

Estos eventos me brindaron grandes aprendizajes. En uno de ellos conocí a un joven que, la primera vez que lo vi, pasó por la mesa donde estábamos reunidos sin pronunciar palabra. La segunda vez, noté que su idioma era el español. En la tercera oportunidad que nos vimos, le dije: «Hola». Él me respondió el saludo. Simplemente no se atrevía a hablar en inglés. Pasaba por la mesa porque le interesaba lo que hacíamos, pero no se atrevía a pronunciar ni una palabra hasta que me escuchó hablar en su idioma.

Se acercó a mí y me dijo: «Mañana salgo de aquí, y no sé qué hacer. No sé con quién hablar». Le respondí, sin pensarlo dos veces: «pasa por la biblioteca y yo te ayudo». Para mi sorpresa, al día siguiente pasó por ahí. Cuando lo vi fuera del contexto de la cárcel fue extraño, pero le abrí una cuenta de Facebook, una dirección de correo electrónica y empezó a contactar con varias personas. Lo ayudé dándole las coordenadas de cómo buscar ropa y comida hasta que pudiera establecerse. Encontró un lugar donde quedarse, un empleo, y logró reconectarse con sus amigos y familiares.

Sencillamente, tendí un puente entre lo que sabía y lo que él necesitaba. No me costó mucho, sin embargo, para él representó una importante guía para reorientar su camino, ahora en libertad.

Yo lo miré y eso bastó. Para el resto del mundo era invisible, yo lo pude ver y él encontró un refugio desde donde reconstruir su camino.

Un simple gesto: una mirada, una sonrisa, un saludo, puede tener el poder de transformar la vida de otra persona. Esa es la magia de la empatía, nacida de la compasión, un verdadero milagro para aquellos que han conocido la adversidad en su máximo esplendor.

Esa es una de las claves de mi profesión y una de las razones de mi éxito en esta carrera: poder ver la esencia de un ser humano más allá de un prejuicio. Sin importar lo que esa persona hizo o dejó de hacer, verlo como un ser humano con potencial para lograr cosas positivas.

En un mundo marcado por la crueldad, donde impera aún el racismo, la discriminación, la desigualdad y la marginalidad, se necesitan más personas capaces de mirar a otras en su esencia, que puedan contemplar la esencia de los demás, que se encuentren dispuestos a mirar a los ojos y ofrecer un refugio seguro.

En Nueva York encontré muchas oportunidades, pasaron cosas buenas que me permitieron dejar un legado en el corazón de las comunidades más humildes.

Además, allí, mi hijo desplegó sus alas también. Comenzó a jugar baloncesto y descubrió su pasión, se le brindó la oportunidad valiosa de jugar a nivel universitario. Ir a sus juegos y verlo florecer me inspiraba profundamente. Lo estábamos logrando y eso era una gran señal. Mi niño también es un resiliente de la vida.

Recuerdo una ocasión que no pude entrar a unos de sus juegos de baloncesto, porque no tenía dos dólares para la entrada. Eso me dolió mucho, sin embargo, sabía que era cuestión de tiempo. Íbamos por buen camino.

De mi último día en la biblioteca, en el año 2018, salí de allí arrastrando los pies. No podía caminar de lo agotada que me encontraba. Hice mi mayor esfuerzo por dejar a las personas atendidas. Aun así, me tocaba levantar el ancla y retomar mi rumbo, dirigirme a otros parajes. Lamenté dejar a tantas personas sin mi asistencia, pero no podía más que confiar en que alguien más tomaría ese legado y le daría continuidad.

Mi premio era la sonrisa, el reconocimiento de estas personas, y sus miradas de esperanza. Esos son los dividendos que sigo cargando conmigo a donde quiera que voy.

Cuando me fui a Florida, ya había terminado la tesis, me había graduado de mi maestría en Ciencias y Tecnologías de la Información. Mi capítulo en Nueva York había concluido.

Salí de allí con muchos reconocimientos por mi destacada labor, más de ciento treinta y ocho distinciones por mi excelente desempeño, incluyendo el título de persona diplomática del año.

Antes de irme, lamentablemente, descubrí que mi supervisora, quien había mostrado previamente actitudes hostiles hacia mí, también había estado restringiendo mi acceso a los certificados de esas distinciones, entregándomelos de manera selectiva. En mi último día, decidí recuperar mis certificados de su escondite. Fue evidente que nunca había tenido la intención de entregármelos. Incluso, cuando recibí el premio a la persona más diplomática del año, se aseguró de decirme que ella no había votado por mí para recibir ese reconocimiento. En retrospectiva, pienso que su actitud pudo haber sido una mezcla de admiración con coraje.

No obstante, mis mayores reconocimientos me los han brindado las personas que han confiado en mí y que han encontrado soluciones a sus problemas. No hay nada que me llene más que esas transformaciones.

En el año 2018, se abrió un nuevo capítulo en mi vida cuando nos mudamos a Florida. Ya no era la joven discriminada por su acento; mi vida estaba llena de experiencias y crecimiento. Surgió una oportunidad y comencé a trabajar como bibliotecaria referencista en el sur de

Florida, en una hermosa biblioteca ubicada en la famosa «Venecia de América», en la ciudad de Cape Coral.

Seis meses después de llegar, ascendí a supervisora de un equipo. Un corto tiempo después, fui promovida a jefa de referencias en la Biblioteca Regional del Este del Condado de Lee. En cada rol y ambiente, utilicé mi habilidad para cultivar relaciones laborales en beneficio de mis colegas, aprovechando el poder transformador de la empatía y la capacidad de detectar problemas y encontrar soluciones con sensibilidad.

Me mantenía constantemente innovando, desarrollando proyectos y haciendo propuestas para la comunidad. Enriquecí y fortalecí las colecciones en español de todo el sistema, colaborando como enlace entre las comunidades, liderando programas y eventos que celebraban la diversidad cultural y literaria de nuestras vibrantes comunidades hispanohablantes. Desde cautivadoras presentaciones de libros hasta enriquecedoras discusiones sobre libros. Continué con mis esfuerzos, explorando nuevas ideas en la creación de proyectos y propuestas para atender las demandas, en constante evolución, de nuestras comunidades. Mantuvimos activos los talleres de alcance y los animados cafés conversacionales, ofreciendo a los recién llegados la oportunidad de mejorar su inglés y establecer conexiones significativas con otros miembros de la comunidad.

Además, emprendí con entusiasmo un emocionante programa de alfabetización digital, con el propósito de capacitar a las personas en el uso de tecnología moderna, como computadoras y bases de datos, abriendo así el camino hacia la inclusión digital y la igualdad de oportunidades para todos.

Esta dedicación revitalizó el entorno laboral, lo que permitió brindar un servicio aún mejor a la comunidad. Como resultado, los empleados se volvieron más proactivos, empáticos y eficientes. Como consecuencia de ello, me solicitaron que me trasladara a otra biblioteca con el propósito de replicar la misma dinámica de motivación y el enfoque en la excelencia. Mi diplomacia, mi franqueza y la forma en que me relaciono con los demás siempre han sido transparentes. No trabajo desde la humillación a otros, sino desde el reconocimiento de todo su potencial.

Mi trayectoria profesional me llevó a asumir el desafío de ser gerente interino en la tercera biblioteca en Florida, ubicada en una pintoresca isla cerca del condado de Lee, en la costa oeste del estado. La presencia constante de una tortuga amigable que deambulaba por el patio añadía un toque de calidez y serenidad al lugar.

Aunque la biblioteca no enfrentaba retos significativos con los usuarios, había aspectos internos que requerían atención. Confié en mis habilidades de liderazgo empático para abordar estas situaciones con determinación y compasión, buscando soluciones que beneficiaran a todos.

Los resultados de este enfoque fueron notorios: un ambiente más armonioso, un equipo más comprometido y una comunidad que se sintió aún más acogida y valorada por su biblioteca local.

En Florida, experimenté un crecimiento profesional significativo. Pude desplegar todo mi potencial, dar vida a mis proyectos y dar forma a nuevas ideas. Fue un lugar donde me reconocieron y depositaron su confianza en mí. Pude haberme quedado y mantener ese estatus y reconocimiento sin ambicionar más. Realmente estaba muy bien. Sin embargo, cuando tienes un propósito claro, el cielo es el límite.

Mientras me encontraba en Florida, un día recibí una oferta laboral inesperada en mi correo electrónico: un empleo bien remunerado en el estado de Oregón. La propuesta venía acompañada de un salario tentador, reconociendo y retribuyendo por primera vez mis habilidades y experiencia bilingües. Aunque la idea de iniciar una nueva etapa en un lugar distinto, alejándome cada vez más de mi isla y de los vínculos importantes que había forjado, sembraba dudas sobre dar este gran paso, sentí que era la oportunidad de alcanzar nuevos objetivos y superar lo logrado hasta ese momento.

Recuerdo haber leído una tarjeta postal en una farmacia que decía: «Las oportunidades son como los amaneceres, si uno espera demasiado, se los pierde». Así que decidí alinearme con lo que realmente merecía, y el universo conspiró a mi favor para abrir nuevas puertas hacia el éxito. En esta fase de mi vida, había adquirido la habilidad de negociar mi posición con destreza. No solo me retribuyeron por mi facultad bilingüe, sino que también sufragaron parte de los costos de mi mudanza y me acogieron con respeto desde el principio, una posición ganada a fuerza de trabajo centrado en la excelencia.

Al llegar al servicio bibliotecario cooperativo del condado de Washington (WCCLS) en Oregón, colaboré en el respaldo de 16 bibliotecas públicas. Contribuí a proporcionar a los usuarios acceso a una impresionante colección compartida de 1.5 millones de artículos, gestionando con maestría las colecciones de bibliotecas digitales y llevando a cabo exitosas negociaciones para contratos de servicios en línea.

En los primeros seis meses de obtener la posición en Oregón, apliqué una subvención de la Ley del Plan de Rescate Estadounidense de la Biblioteca Estatal de Oregón[55]. No solo la gané, sino que también, con esos

---

55 La Ley del Plan de Rescate Estadounidense de la Biblioteca Estatal de Oregón es una legislación destinada a proporcionar recursos y apoyo financiero a las bibliote-

fondos, desarrollé tres colecciones para tres correccionales diferentes, las primeras colecciones bilingües en el condado de Washington. Este proyecto recibió muchos elogios y fue destacado en varias publicaciones. Curé esas colecciones pensando en un proceso de rehabilitación, incluyendo libros de autodesarrollo, aprendizaje, crecimiento personal y espiritualidad.

Tras completar el desarrollo de estas colecciones, se me brindó la oportunidad de compartir mi experiencia como panelista en una conferencia organizada por la Asociación de Bibliotecas de Oregón (OLA). Mi tema fue «Dignidad, empatía y acceso: bibliotecas que sirven a personas que enfrentan encarcelamiento». Compilé una lista de libros, publicada en las páginas de la asociación, ofreciendo así un rayo de esperanza a aquellos que buscan conocimiento, incluso en los momentos más desafiantes de sus vidas[56].

Como parte de un subsidio que recibí, mi tarea era establecer un servicio en línea en español para fortalecer a los hispanohablantes, ofreciéndoles cursos para mejo-

---

cas estatales de Oregón como parte de los esfuerzos para mitigar los impactos económicos y sociales de la pandemia de COVID-19. Esta ley puede incluir fondos para mejorar los servicios bibliotecarios, facilitar el acceso a recursos en línea y promover la equidad en el acceso a la información y la educación en toda la comunidad. Fuente: https://www.oregon.gov/library/libraries/Documents/LSTA/ARPAReport.pdf

56 Para mayor información, consultar el siguiente link: https://www.wccls.org/news/developing-spanish-collections-incarcerated-adults-and-risk-youth

rar sus habilidades. Pero al investigar el contenido, descubrí algo desalentador: el servicio resultó ser un fraude dirigido a engañar a los inmigrantes. Este curso no solo comprometía la identidad de las personas, sino que no proporcionaba certificaciones válidas. Dediqué horas a investigar este asunto y redacté un informe detallado que resultó fundamental para eliminar este recurso perjudicial de todas las bibliotecas suscritas a él.

Hoy en día, experimento una sensación de respeto que me he ganado con esfuerzo. Mi voz es valorada y mi inglés fluye con naturalidad. Fue un momento extraordinario cuando pronuncié mi discurso en inglés durante esa conferencia y, al finalizar, todos me brindaron un aplauso unánime.

Ya no siento la necesidad de justificar mi acento; comprendo que es parte de mi identidad como alguien que habla dos idiomas. Mis logros han sido reconocidos en diversas publicaciones, y he tenido el honor de ser entrevistada por varios medios de comunicación. Este crecimiento ha sido un proceso orgánico y constante, marcado por innumerables aprendizajes, logros y gratificantes reconocimientos.

Me encontraba en un lugar donde mis palabras tenían peso, donde mi voz era escuchada con respeto y validada. Durante casi tres años, me sumergí en mi trabajo en este lugar lleno de oportunidades para mis sueños y metas.

En ese camino, se presentó una nueva oportunidad: asumir el cargo de gerente en una biblioteca afiliada a esta cooperativa. Equipada con las habilidades y la sabiduría emocional acumuladas a lo largo de mi trayectoria, me lancé a este nuevo desafío con determinación.

En la actualidad, ostento el cargo de mánager de una biblioteca, una posición repleta de responsabilidades y definida por un elevado estándar profesional. No es mi intención presumir, simplemente deseo compartir el fruto de mi esfuerzo y perseverancia. Es prueba de que puedes llegar tan lejos como te lo propongas[57].

En mi camino, he aprendido que cada día es como un lienzo en blanco, esperando ser llenado por los valientes soñadores que saben interpretarlo. Consciente de que cada paso que doy siembra una semilla de esperanza en el camino, esperando pacientemente el momento perfecto para florecer.

En mi experiencia de vida, la educación que recibí no se limitó únicamente al ámbito académico, sino que abarcó también un crecimiento espiritual profundo. A través de mis propias luchas, el dolor y los sacrificios, he llegado a identificarme con las causas sociales actuales

---

57 Más información sobre mi cargo actual: https://www.hillsboro-oregon.gov/Home/Components/News/News/15128/4300

que han moldeado mi camino hacia la bibliotecaria que soy hoy en día.

Esta profesión no fue una elección casual, sino más bien una llamada que resonó en lo más profundo de mi ser. Me siento comprometida a seguir este camino de construcción social, cambio y desarrollo de oportunidades para nuestras comunidades. Mi perspectiva está enriquecida por la sabiduría que proviene de haber experimentado esas mismas dificultades en carne propia, no simplemente por haberlas leído en las noticias.

Por ello, puedo identificar claramente las brechas que nos afectan y estoy decidida a seguir creando puentes hacia un futuro más justo y equitativo. Mi compromiso radica en utilizar mi experiencia y conocimiento para contribuir al bienestar de quienes me rodean y para seguir adelante en la noble misión de empoderar a las comunidades a través del acceso a la información y las oportunidades de aprendizaje.

Desde el sendero que la vida ha tejido para mí, contemplo un vasto horizonte de oportunidades que se despliega majestuoso ante mis ojos. Cada página es un nuevo capítulo por escribir, y en ellas siembro el amor por el conocimiento en los corazones sedientos de luz.

Las bibliotecas se alzan como faros de esperanza en el mundo del que provengo, donde los recursos son escasos y los desafíos abundan. En ellas, cada libro es un tesoro, cada palabra es un destello de sabiduría que ilumina el camino de aquellos que buscan en la oscuridad.

Aunque la tarea puede parecer monumental, cada pequeño paso nos acerca a un futuro más brillante. Desde el noroeste de Estados Unidos, sigo comprometida con este viaje de transformación, sabiendo que cada esfuerzo, por pequeño que sea, marca la diferencia. Juntos, inspiramos el cambio y plantamos las semillas de un mañana más esperanzador.

¡Sí! Esa misma niña que partió de Bayamón —con apenas lo que llevaba puesto, enfrentando acusaciones de falsedad— y a lo largo de su vida ha sido juzgada, marginada, discriminada y rechazada, ahora se encuentra compartiendo la mesa con destacados líderes de la ciudad. ¿Existen los imposibles? Yo soy la prueba viviente de que cuando el corazón está lleno de determinación, ningún sueño está fuera de alcance.

El liderazgo empático en la formación de jóvenes y adultos en contextos sociales vulnerables

En cada capítulo he dedicado un fragmento para hablar de conceptos, definiciones e ideas que he podido internalizar de manera empírica, pero que resultan de gran importancia para entender el fenómeno social en el que ha estado inmersa en mi historia, y posiblemente la historia de muchas personas con experiencias similares.

En esta oportunidad, quiero hablarte del liderazgo, esa habilidad que desarrollé sin sospechar que lo estaba haciendo. No me refiero al liderazgo como jefe o profesional de la información, sino a esa capacidad de influir y afectar positivamente la vida de otros y que se conoce como liderazgo empático:

> El estilo de liderazgo que permite al líder ubicarse en el lugar de los seguidores y que, mediante el conocimiento de los individuos, habilidades para negociar y técnicas de intervención e integración, permite formar equipos de trabajo que generen valor agregado en sus actividades, dando ventajas competitivas a sus organizaciones, así como un incremento notable de la productividad, me-

diante innovaciones de calidad a los procesos productivos[58].

Imagínate un mundo en el que nuestros jóvenes se formen desde su educación inicial como líderes empáticos, con valores y principios que los orienten y les permitan enfrentar las vicisitudes de la vida. El mundo marcharía sin duda hacia un destino mejor.

Tal vez la función más noble de los liderazgos en la adolescencia y la juventud sea la de aportar a una mayor identidad de los individuos y grupos, y a construir colectivamente una proyección de futuro, con un horizonte temporal que trascienda lo instantáneo o fugaz, con un plazo algo más largo que el mero presente y para que tenga sentido la terrible pregunta que sigue vigente generación a generación: ¿qué vas a ser cuando seas grande?

Se considera que las aptitudes o capacidades para el liderazgo pueden ser aprendidas o adquiridas mediante la capacitación y/o el ejercicio del rol; por lo tanto, no se trata de una cuestión exclusivamente «innata», si bien las características personales pueden contribuir a un mejor desempeño.

---

58 Velázquez Valadez, G. (2005). *Liderazgo Empático: Un modelo de liderazgo para las Organizaciones Mexicanas. Revista del Centro de Investigación*, 6 (23), 81-100. Recuperado de: https://www.redalyc.org/articulo.oa?id=34202307

Es necesario superar las prevenciones que el concepto de liderazgo genera cuando se le atribuyen las connotaciones «carismáticas» antes mencionadas, centradas en las características de la persona líder y en las consecuentes actitudes de los liderados como seguidores de esa persona, «entregados» en forma incondicional a ese líder o caudillo.

Lejos de esa concepción, la del «liderazgo transformador» connota una función requerida por los proyectos u organizaciones, más allá de la persona que ejerce dicha función, que podrá ser hoy una y mañana otra, sin mayores tropiezos con los eventuales cambios del ocupante ocasional de esa función[59].

En mi caso, me tocó ser autodidacta. Fui labrando mi propio camino, y en ese trabajo sembré y coseché grandes frutos para mi experiencia y la vida de otros. Creo firmemente en el potencial de las personas, de los jóvenes, incluso de los adultos mayores que únicamente requieren de alguien que los mire realmente, que les muestre el camino y confíe en ellos. Apuesto por ello todos los días de mi vida.

---

59 Organización Panamericana de la Salud. (1998). *La juventud y el liderazgo transformador: Conceptos y estrategias en mundos inciertos y turbulentos*. Recuperado de: https://acortar.link/6xYouA.

Ahora bien, un líder nace, pero también se hace. Si crees que es posible transformarte propiciando cambios significativos en tu entorno, aquí algunas características en las que puedes trabajar:

- Deben contagiar su dinamismo y energía con un alto nivel de entusiasmo.
- El trato con los subordinados debe ser cálido y cercano, impulsando así la satisfacción laboral.
- Las situaciones deben estudiarlas con tranquilidad y serenidad, aportando soluciones racionales.
- Los intereses de la empresa deben ser antepuestos a los personales, mostrándose justos en sus decisiones.
- Deben facilitar la exposición de críticas, deseos o necesidades de los trabajadores, practicando la escucha activa.
- Deben ser conscientes de que no poseen la verdad absoluta, mostrándose humildes y conscientes de que pueden cometer errores[60].

---

60 Oliveras, E. F. (2021). 10 *tips* de liderazgo empático que te ayudarán. En El Siete. Blog de Liderazgo. Disponible en: https://acortar.link/8MlRsd.

Una persona que lidera con empatía hacia otros puede brindar un sentido de pertenencia e inspiración, animándolo a explorar posibilidades y superar obstáculos. Con mi experiencia, yo sé que podemos guiar hacia la meta más ambiciosa a las personas en situaciones difíciles.

El apoyo emocional y espiritual que nosotros los líderes empáticos podemos brindar es como un lugar seguro donde las personas tienen un espacio para expresar sus emociones y buscar soluciones.

A través de esta empatía podemos construir maneras significativas de mejorar la calidad de vida, no solamente la de jóvenes que son nuestro futuro. Siento que aré el terreno para que otros puedan caminar. No fui egoísta y aprendí para enseñar.

Si tú creces, yo crezco... Si tú te transformas
a través de mí, yo me transformo contigo

Eso era lo que me mantenía motivada a ayudar a otros, a entregarme en cuerpo y alma a los demás. Esa era mi pasión y mi razón. Otros tendrán sus propias experiencias de superación personal, pero esta es la mía.

Ver a otros florecer con las herramientas que les propiciaba fortalecía mis raíces. Mirar a otros luchando por alcanzar sus metas, acompañados de mi orientación, me llevaba un paso más delante de mi propia evolución. Mirar a una persona levantarse de una profunda depresión y erguirse para escucharme, me hacía recobrar el ánimo para seguir adelante.

> El nivel interpersonal bien ajustado es un pasaporte seguro a la conducta resiliente porque, justamente, uno de los factores más importantes que contribuyen a trascender con éxito tragedias, problemas y dificultades en general, es la capacidad que tenemos, no solamente de liderar nuestras propias vidas, sino también a otras personas. Un líder debe mantener una conducta apropiada de serenidad, una capacidad para entender los problemas de otros y la habilidad para administrar información valiosa entre los miembros de un grupo. Si ese líder ha pasado por una experiencia adversa o está viviendo la misma situación que sus «seguidores», podrá apelar a sus destrezas comunicacionales para ayudarse a sí mismo y al grupo al que representa[61].

Eso sí, se necesita aprender para enseñar a otros. El aprendizaje no se limita a lo académico, sino que abar-

---

61 Sambrano, J. (2010). *Resiliencia. Transformación positiva de la adversidad*. Editorial Alfa. Pág. 78.

ca todos los aspectos de la vida. Es esencial conocerse a uno mismo y convertirse en el faro que ilumina el camino para aquellos que se encuentran en peligro de naufragar. Personalmente, me veo como una eterna aprendiz y seguiré siéndolo hasta el último día de mi vida.

Conclusión

*Por muy larga que sea la tormenta,
el sol siempre vuelve a brillar entre las nubes.*

KHALIL GIBRAN

Si alguna vez te sorprendes diciéndote la frase: «no puedo», espero que pienses en mi historia. Nací con todas las condiciones para dejarme vencer, pero no lo hice. ¿Qué superpoder me hizo lograrlo? Ninguno que no puedas desarrollar tú también, se trata de constancia y disciplina. Por supuesto, ambas habilidades con un toque de determinación.

*No digas «es imposible».
Di «no lo he hecho todavía».*

PROVERBIO JAPONÉS

No hay imposibles. De ser una adolescente internada en un hospital psiquiátrico por intento de suicido a pasar a ejercer como líder de proyectos de apoyo social no fue cuestión de suerte. Hubo trabajo y perseverancia en cantidades industriales. Y aunque muchos no creyeron en mí, yo tampoco le creí a ellos.

> Todo el mundo tiene un propósito en la vida…
> un don único o talento especial para ofrecer a los
> demás. Y cuando combinamos ese talento único
> con el servicio a los demás, experimentamos el
> éxtasis y el júbilo de nuestro propio espíritu, que
> es la meta última de todas las metas[62].

Mi propósito de vida hoy es poder acompañar a jóvenes, adultos y personas de la tercera edad a creer en sí mismos, a darse una nueva oportunidad, a buscar en el conocimiento lo que tanto necesitan, y llenar esos vacíos emocionales con el poder del entendimiento.

Es por eso que dedico mi vida a seguir desarrollando proyectos dirigidos a comunidades poco privilegiadas de los Estados Unidos. Estos proyectos brindan un soporte integral para desarrollar habilidades académicas que contribuyan al desarrollo y a la superación personal del individuo. Anhelo el momento en que cada comunidad de

---

62 Deepak Chopra. (s. f.). *La Ley del Dharma, o el propósito en la vida.* Amarse a uno mismo. Recuperado de La Ley del Dharma, o el propósito en la vida (amarseauno-mismo.com)

Puerto Rico cuente con su propia biblioteca. Si esta visión se hubiera materializado, es posible que varios de mis amigos no hubieran enfrentado el encarcelamiento o se hubieran desviado de su camino.

Así como mi esposo descubrió que el arte tenía el poder de rescatarlo, y yo entendí que entre libros mi vida cobraba sentido, asimismo otras personas han encontrado su camino al abrir su mente al conocimiento. «El conocimiento os hará libres», una frase atribuida a Sócrates.

Pienso que por más duro que la vida nos haya golpeado, si en nuestro corazón todavía hay atisbos de procurar el bien para los demás nada se ha perdido. Pon las manos en tu corazón y comienza a reconstruir tu vida ayudando a personas menos favorecidas. El regocijo que te dará esta labor servirá para ayudarte a ti misma, sin que lo notes.

«Haz el bien sin mirar a quien» es mi lema. Tanto ha sido así que me he atrevido a descubrir heridas y sentir su dolor punzante en mi alma para brindar esperanza a otros. No fue fácil desnudar mi alma en estas páginas ni revivir todo el sufrimiento y el miedo. Pero lo hice también como un proceso de purga. Ya todo eso está fuera, expuesto. Ya no necesito cargarlo sobre mi espalda o en mi estómago convertido en rabia y frustración. Lo dejo en el lugar que le corresponde, lo miro, agradezco lo aprendido y avanzo.

Te invito a que hagas ese ejercicio de soltar todo aquello que te hace el viaje pesado. Siéntate en un lugar tranquilo y empieza a escribir todo eso que te atormenta, déjalo salir como si expulsaras una comida mal digerida. Nadie te juzga, eres tú con tu persona y nadie más. Una vez que todo eso haya quedado plasmado en un papel o en una grabación de voz, suéltalo, quémalo, bórralo, dile: «Hasta aquí nuestro viaje juntos, ya no me perteneces, ni te pertenezco. No te necesito para avanzar hacia la vida que quiero y merezco. Sigo ligera y en paz». Es una especie de acto de psicomagia que te dará un nuevo enfoque.

No es una despedida, es un hasta siempre. Ahora eres uno de mis tantos confidentes. Haz de esta historia un instrumento de liderazgo empático, haz de tus propios procesos un instrumento de paz. Todo cobra sentido cuando vemos en el otro la posibilidad de transformación. No importa la etapa de la vida en la que te encuentres, siempre puedes comenzar de nuevo. Si aspiras a emprender una nueva carrera o perseguir tu pasión por hornear pasteles, ¿por qué esperar? La vida es efímera, pero podemos hacerla memorable dejando una huella positiva en nuestro camino.

Vengo de un humilde barrio donde los sueños parecen inalcanzables. Soy hija de una persona que luchó toda su vida con problemas de adicción. Fui abusada de muchas maneras. ¿Determinó eso mi vida? Depende. Lo determiné para procurar el cambio. Sin embargo, no me detuvo.

Las vías para educarte existen y nadie más las buscará, salvo tu mente. Es la única que te ayudará a salir de todo esto. Es importante alimentarte espiritualmente.

JOSEPH CAMPBELL

La clave del éxito son las propias acciones, nos toca sembrar ese *dharma*: «dar a los demás, para también recibir». El ser humano ha de entender esto; es básico para una vida exitosa. En lugar de preocuparte, ocúpate y actúa. El tiempo es ahora. Tal vez el camino está oscuro, pero no te rindas porque lo más seguro es que estés a punto de abrir el boquete al lado de la luz.

Esta trayectoria triunfante está dedicada a cada joven que, desde los rincones más remotos, mira hacia el firmamento con la esperanza de que algún día su luz brille como las estrellas. Que cada destello en el cielo sea un recordatorio de su potencial sin límites y de las oportunidades que aguardan en el horizonte. Que nunca pierdan de vista su capacidad de alcanzar las cumbres más altas y de irradiar con su propia luz.

¡Que el universo completo se alinee a su favor y les inspire a conquistar sus sueños más audaces!